인공지능과 신약 개발

AI문고

인공지능 시대입니다. 기계가 인간의 인지를 대신하고, 사물이 인간을 통하지 않고 다른 사물과 직접 커뮤니케이션합니다. 이에 따른 인간 삶과 문명 변화를 정확히 이해 · 예측 · 대응하는 것은 이 시대 우리 모두의 과제입니다. AI문고는 인공지능 기술과 환경의 여러 주제를 10가지 키워드로 정리합니다. 관련 개념과 이론, 학계와 산업계의 쟁점, 우리 일상의 변화를 다룹니다. 인간과 기술의 현재, 미래를 세심히 분석합니다.

일러두기

- 인명, 작품명, 저서명, 개념어 등은 한글과 함께 괄호 안에 해당 국가의 원어를 병기했습니다.
- 외래어 표기는 현행 어문규정의 외래어표기법을 따랐습니다. 다만 '딥마인드', '딥매처', '딥러닝', '솔루션' 등은 관행을 따랐습니다.

처음이세요?

전문가세요?

인공지능과 신약 개발

정명희

대한민국, 서울, 커뮤니케이션북스, 2025

인공지능과 신약 개발

지은이 정명희
펴낸이 박영률

초판 1쇄 펴낸날 2025년 3월 3일

커뮤니케이션북스(주)
출판 등록 2007년 8월 17일 제313-2007-000166호
02880 서울시 성북구 성북로 5-11
전화(02) 7474 001, 팩스(02) 736 5047
commbooks@commbooks.com
www.commbooks.com

ISBN 979-11-7307-677-0 03500

책값은 뒤표지에 표시되어 있습니다.

차례

인류 건강에 기여하는 AI

그리스 철학자 아리스토텔레스는 2500년 전『정치학』에서 인간의 일을 대신할 수 있는 도구에 대한 상상을 다음과 같이 언급했다(Aristotle, BC 350).

> "가정을 꾸리는 사람에게 하인이 필요 없거나 주인에게 노예가 필요 없는 경우는 오직 하나뿐이다. 다이달로스가 만든 조각상이나 헤파이스토스가 만든 제례용 그릇과 같은 무생물 도구가 명령을 받거나 주인의 뜻을 스스로 이해하며 일을 처리하는 경우다(There is only one case in which a person running a household has no need of servants, or a master has no need of slaves. This is a case where inanimate tools, like the statues made by Daedalus or the ritual vessels made by Hephaestus, do things when they receive orders or understand the will of their masters on their own)."

'노예나 하인을 대신해 주인의 명령을 받거나 주인 뜻

을 스스로 헤아려 일하는 생명 없는 도구'에 대한 아리스토텔레스의 언급은 지금의 인공지능 로봇 개념과 흡사하다. 기록은 남아 있지 않지만 아마도 오래전부터 힘들고 지루한 일들을 자동으로 척척 해 주는 도구에 대한 상상은 사람들이 한 번쯤은 생각했을 법한 일이다. 그런데 이제는 이러한 상상이 어느새 현실이 되어 우리 일상으로 들어오고 있다.

1956년 다트머스 대학 학회의 『회의 제안서』에서 존 매카시(John McCarthy)가 처음으로 '인공지능'이란 용어를 사용한 이후 인공지능이란 명칭 아래 기술이 발전을 거듭해 왔지만, 사실 이미 그 이전부터 2000년 이상 인간의 마음과 생각에 관한 관심과 연구가 지속되어 왔다. 데이터 혁명의 보편적 언어가 되는 '0'과 '1'의 조합인 이진법을 체계적으로 연구한 라이프니츠(Gottfried Wilhelm Leibniz), '1+1=2'를 포함한 기본적인 수학적 진리를 논리적으로 증명하려고 시도했던 버트런드 러셀(Bertrand Arthur William Russel), 모든 것이 논리라면 자동화가 가능하지 않을까 생각했던 튜링(Alan Mathison Turing)과 같이 오늘날의 인공지능에 이르기까지는 많은 혁신적인 사고 전환의 모멘텀이 존재한다.

인공지능은 일반적으로 인간의 지능이 필요한 작업을

기계가 수행할 수 있도록 하는 다양한 기술을 아우르는데, 이러한 작업에는 학습, 추론, 패턴 인식, 문제 해결과 자연어 이해가 포함되어 있다. 현재 인공지능은 우리가 예상했던 것보다 훨씬 더 빠른 속도로 발전하고 있다. 정보통신 기술이 집약적으로 연계되면서 인문, 사회, 과학이 통합되는 새로운 시대가 열리고, 학문은 물론 모든 곳에서 기술과 이론의 경계가 융합이라는 이름으로 모호해지고 있다.

바이오 분야 혁신을 가져온 인공지능

인공지능은 우리가 생각할 수 있는 거의 모든 분야에서 활용되며 사회 및 산업 전반에 걸쳐 패러다임의 변화를 가져오는 중이다. 바이오 분야 역시 컴퓨팅, 자동화 및 AI 기술 발전에 힘입어 새로운 혁신 시대를 열어 가는 대표적인 분야다(Kissinger et al., 2021). 이러한 변화의 중심에는 딥러닝(Deep Learning)과 기계학습(Machine Learning), 특히 심층 신경망을 활용하는 기술이 있다. 이는 산업 애플리케이션을 재구성할 뿐만 아니라 다양한 구현을 통해 거의 모든 분야에 영향을 미친다.

혹시 눈이 자주 침침한가? 이제 인공지능이 망막 질환을 척척 찾아내 주는 시대다. 구글의 딥마인드(Deep-

Mind)는 안과 진료에서 AI를 사용하여 망막 이미지를 분석하고 망막 질환을 조기에 진단하는 기술을 개발했는데, 이 기술은 안과 전문의와 유사한 정확도로 망막 질환을 진단할 수 있다고 알려져 있다.

인공지능은 단순히 망막 질환뿐만 아니라 MRI, CT, X-ray 등 다양한 의료 영상을 분석하여 질병을 진단하는 데 탁월한 능력을 보여 주고 있다. 인공지능은 방대한 양의 의료 데이터를 빠르게 학습하고, 사람이 놓치기 쉬운 미세한 변화까지 찾아내 질병을 조기에 발견하는 데 큰 도움을 준다. 이러한 인공지능 기반 분석 기술은 단순히 진단을 보조하는 도구를 넘어, 이제 진단과 치료에 없어서는 안 될 존재로 자리 잡으며 우리의 건강을 지키는 진정한 파트너가 되었다(Bohr & Memarzadeh, 2020).

현대 의학은 점점 더 개인을 중심으로 발전하고 있다. 인공지능은 개인의 전자의무기록/전자건강기록(EMR/EHR), 생활 습관 데이터, 유전 정보 등을 분석하여 질병 발생 가능성을 예측하고, 머신러닝 모델을 통해 질병의 조기 징후가 발견되면 예방 조치를 권고할 수 있다. 첨단 AI 기술을 활용한 의료는 질병 예방, 조기 진단, 맞춤형 치료를 목표로 선제적이고 환자 중심적인 의료 서비스로 발전하고 있다.

IBM의 왓슨 포 지노믹스(Watson for Genomics)는 게놈 데이터를 분석하고 맞춤형 암 치료를 지원하도록 설계된 고급 인공지능 기반 플랫폼으로, 방대한 의학 지식을 결합하여 복잡한 질병을 효과적으로 진단 및 치료할 수 있게 해 주고, 더 정확한 데이터 중심적 결정을 가능하게 해 준다. 이를 통해 증거 기반의 개인화된 진료가 가능해지면서 인공지능을 활용하여 환자 개개인에게 최적화된 맞춤형 치료를 제공하는 시대가 열리고 있다(IBM 왓슨 의료 진단, 2024).

인공지능, 신약 개발 혁신의 주역

끊임없이 변화하는 세상에서 새로운 질병도 놀랄 만큼 새롭게 등장한다. 갑작스럽게 발생한 코로나의 공포를 기억해 보라. 아직도 코로나는 변이를 거듭하며 위협을 멈추지 않고 진화해 가고 있다. 질병의 증가는 상호 연결된 여러 가지 요인에 기인한다. 생활 방식의 변화는 비만, 당뇨병, 심혈관 질환과 같은 비전염성 질병 확산에 크게 기여했고, 환경 오염이나 기후 변화 등 환경적 요인으로 인해 호흡기 질환과 매개체 매개 질환이 악화되었다. 인구 고령화로 인해 연령 관련 질환 발병률도 높아졌고 도시화와 글로벌화로 전염병이 보다 쉽게 확산될 수 있다. 또한 항생제 오남용으로 기존 약물 내성 균주(박테리아 또는 바이러스)도 지속해서 은밀하게 증가했다. 전 세계적으로 치료법이나 치료제가 없는 질병은 수천 가지에 이른다고 한다.

새로운 변이 미생물의 탄생은 지구상에 생명이 존재하는 한 자연스러운 생명 활동이지만, 인간에게는 항상 건강의 위협으로 다가와 이에 맞서기 위해 우리는 항상 새로운 치료법을 찾아 도전해 왔다. 또한 유전적 요인, 환경적 요인, 생활 습관, 감염, 면역 체계의 이상 등 매우 복합적이고 여러 요인이 상호작용하여 발생하는 암의 경우는 더욱 정교한 치료법이 필요하다. 우리에게 '약'이란 질병을 유발하는 여러 위협에 맞서 싸울 수 있는 무기로 세계 보건 보호를 위한 끝없는 싸움에서 인간이 앞서 나갈 수 있게 해 주는 중요한 병기인 것이다.

이러한 이유로 신약을 개발하는 제약 산업은 많은 기대를 받는 유망 분야다. 하지만 동시에 복잡하고 어려움이 많은 대표적인 개척 분야이기도 하다. 신약 개발의 근본적인 어려움은 복잡한 질병 메커니즘을 이해하기 어렵다는 것과 환자 개개인의 유전적, 생물학적 변이로 인해 동일한 약물이 다른 환자에게 다른 효과를 나타내는 약물 반응의 개인차 등에 기인한다.

신약 개발은 초기 연구 단계부터 임상 시험, 규제 승인에 이르기까지 모든 과정에서 막대한 개발 비용과 시간이 필요하다. 신약이 초기 연구에서 시장에 출시되기까지는 평균적으로 10~15년이 걸리고, 성공률도 1/5000~1/10,000로 매우 낮다. 신약 하나를 개발하기 위해서는 다양한 주제의 관련 연구 논문, 유전체[또는 게놈(genome)] 및 오믹스(OMICS, 분자나 세포 등의 집합체) 정보, 화학 유전체 등 방대한 전문 지식을 바탕으로 화학 및 생물학 지식의 통합적 연계가 필요하다. 또한 개발 과정도 신규 타깃 발굴, 기전 규명, 잠재적인 약물 후보 식별, 안전성, 효능 및 약리학적 특성을 평가하기 위한 전임상, 사람을 대상으로 효능과 안전성, 부작용 등을 테스트하는 임상 시험, 시장 사용을 위한 규제 검토 및 승인 과정 등 여러 단계로 구성되어 있는데, 이 중 어느 하나도 쉬운 단계가 없다(Hill & Richards, 2021).

이와 같은 어려움을 극복하기 위해서 제약 산업은 지속적으로 혁신을 추구할 수밖에 없다. 역사적으로 R&D 비용 증가와 효율성의 한계가 있던 신약 개발 분야는 이제 방대한 데이터와 인공지능을 기반으로 효율성 개선과 효능 및 품질 향상을 추구하는 최첨단 AI 기술의 개척지로 변모했다. 신약 개발 과정에 인공지능 기반의 새로운 기술을 도입함으로써 개발 과정의 효율성을 높이고 신약 개발 성공 가능성을 증대시키며 보다 효과적이고 개인화된 치료 옵션 제공이 가능해졌다.

AI 기반 첨단 바이오테크의 등장과 도전

빅데이터 분석 및 AI 기술의 활용이 신약 개발의 전 과정에 걸쳐 활성화되면서 신약 개발 AI 회사(벤처)의 창업 또한 국내외적으로 활발하게 이루어지고 있다. 스탠다임(Standigm), 신테카바이오(Syntekabio), 디어젠(Deargen), 아론티어(ARONTIER)와 같은 기업은 신약 개발 과정을 혁신하고 있는 한국의 대표적인 바이오테크 벤처 회사로 AI 플랫폼을 통해 신약 개발 초기 단계부터 후보 물질 발굴, 임상 단계까지 전 과정을 지원하며 다양한 제약 회사와 협력하고 있다. 제약 기업과 AI 기업의 파트너십은 계속 증가 추세여서 2023년에는 총 232건의 파트너십을 맺은 것으로 기록되었다. 또한 제약 기업 자체도 인공지능 역량 강화를 위해 조직 재편과 인력 고용을 위한 노력을 강화하고 있다.

해외 신약 개발 AI 벤처 회사들의 활약도 눈부시다. 아톰와이즈(Atomwise)는 미국에 본사를 둔 회사로 딥러닝 기술을 활용해 화합물의 생물학적 활성과 상호작용을 예측하는 플랫폼을 통해 새로운 화합물을 신속하게 발굴하여 약물 발견 초기 단계에서 성공 가능성을 높이고 있다. 인실리코 메디슨(Insilico Medicine)은 홍콩과 미국에 본사를 둔 바이오테크 회사로, 인공지능을 활용해 신약 개발과 노화 연구를 수행하고 있고, 엑스사이언티아(Exscientia)는 영국에 본사를 둔 인공지능 기반 신약 개발 회사로 인공지능을 통해 신약 후보 물질 발굴 및 개발 속도를 크게 향상시키고 있다. 스탠다임과 엑스사이언티아는 실제로 임상 시험 단계에 진입한 신약 후보 물질도 가지고 있다.

글로벌 주요 제약사와 인공지능 기반 회사 간의 공동 연구와 협력도 활발히 추진 중이다. 글로벌 제약사인 로슈(Roche)의 자회사 제넨텍(Genentech)은 엔비디아(NVIDIA)와 협력해 AI 플랫폼을 통한 신규 치료제 개발 역량을 강화하고 있고, 사노피(Sanofi)와 엑스사이언티아는 파트너십을 통해 신약 개발 과정을 혁신하며, 인공지능을 이용해 특정 질환에 대한 환자 맞춤형 치료제를 공동 개발하고 있다.

AI 기술이 넘어야 할 산

인공지능은 방대한 양의 생물학적 데이터를 처리하고,

신약 후보 물질을 발굴하며, 임상 시험을 최적화하는 데 큰 도움을 주면서 신약 개발 분야에서 획기적인 변화를 이끄는 주체가 되었지만 AI 기술을 활용한 신약 개발에는 여전히 여러 가지 한계가 존재한다.

인공지능의 성공적인 활용은 대량의 고품질 데이터에 크게 의존한다. 신약 개발에 사용되는 데이터는 일반적으로 다양한 생물학적, 화학적, 임상적 정보를 포함하는데 이러한 데이터가 종종 부족하거나 일관성이 없으며, 때에 따라서는 오류를 포함할 수도 있다. AI 모델이 잘못된 데이터를 학습하게 된다면, 당연히 그 결과는 신뢰할 수 없고 예측 정확도도 떨어질 수밖에 없어 실제 신약 개발 과정에서 사용되기가 어렵다. 또한 특정 조건에서 성공적으로 작동하는 AI 모델이 조건이나 환경이 달라졌을 때 똑같은 효과를 보인다는 보장도 없다(Hill & Richards, 2021).

신약 개발은 단순한 화합물 발굴을 넘어 생물학적 시스템의 복잡성을 이해하는 과정이 필요하다. 생물학적 시스템은 매우 복잡하고 다차원적이어서 인공지능이 패턴 인식과 데이터 분석에서 뛰어난 성능을 보인다고 하더라도 생물학적 시스템의 복잡한 상호작용과 동적 변화를 완전히 이해하고 예측하는 데는 여전히 한계가 있다.

또한 딥러닝은 '블랙박스(black box)'와 같은 기술로, 왜 그런 결정이 도출되었는지 정확히 설명하기 어렵다. 이러한 결정 과정의 불투명성은 연구자나 임상의가 인공지능의 결과를 이해하고 이를 바탕으로 의사 결정을 내리기 어렵게 만들 수 있다. 이와 같은 맥락에서 인공지능이 예측한 결과를 바탕으로 신약이 개발되었을 때, 부작용이나 실패가 발생하면 그 책임을 누구에게 물어야 할지에 대한 기준도 명확하지 않다.

인공지능은 신약 개발의 여러 단계에서 강력한 도구로 활용될 수는 있지만, 인간 전문가의 통찰력과 경험을 대체할 수는 없다. 인공지능이 다양한 데이터에서 핵심적인 패턴을 추출하고 예측한 결과를 해석해 실제 임상에 적용하는 것은 여전히 인간 전문가의 역할이다. 따라서 인공지능의 잠재력을 최대한 활용하기 위해서는 인공지능과 인간 전문가 간의 협력이 필수다.

이렇듯 데이터 품질과 가용성, 생물학적 시스템의 복잡성, 모델의 해석 가능성, 규제 및 윤리 문제, 높은 개발 비용, 인간 전문가와의 협력 등 인공지능이 신약 개발에 활용되기 위해서는 앞으로 넘어야 할 산이 많다. 이러한 한계를 극복하기 위해 AI 기술을 활용하는 새로운 접근법과 협력 모델에 대한 지속적인 연구와 발전이 필요하다.

책의 구성

이 책은 신약 개발에서 AI 기술이 어떻게 활용되고 있고, AI 기술 도입이 제약 산업 전반에 걸쳐 어떤 혁신을 가져오고 있는지 다소 어려운 주제를 독자가 쉽게 이해할 수 있도록 도와주고자 큰 그림 속에서 설명하고자 했다. 1장에서는 의학을 중심으로 점점 더 중요해지고 있는 인공지능의 개념을 소개하고 2장에서는 약물의 발견, 전임상 시험, 임상 시험, 규제 승인 등 전통적인 약물 개발 프로세스에 대한 기초적인 이해를 제공하고자 했다. 3장에서는 신약 개발과 관련된 기초적인 핵심 인공지능 개념과 기술을 설명한다. 본격적으로 4장에서는 신약 개발의 초기 단계에서 약물에 의해 조절될 수 있는 특정 질병과 관련된 표적 발굴 및 검증, 식별된 표적과 효과적으로 상호작용하는 히트 및 선도물질 발굴에 관한 과정과 관련 AI 기술을 소개했다. 5장에서는 도출된 화합물에 대한 효능, 독성 및 안전성에 대한 평가와 인간 대상으로 안전성과 효과를 검증하는 임상 시험의 모든 과정에서 인공지능이 어떻게 시험 과정을 혁신하고 있는지 살펴봤다. 6장에서는 인공지능의 도움으로 개발된 성공적인 약물이나 치료법 소개를 통해 현재 인공지능이 인류 건강에 얼마나 큰 기여를 하고 있는지 이해할 수 있도록 했다. 7

장에서는 의료의 궁극적 목표인 맞춤형 치료에서 인공지능이 어떻게 맞춤형 의학을 가능하게 하는지 알아보고자 했다. 8장에서는 신약 개발에서 인공지능과 관련된 과제와 윤리적 문제 등을 다루며 현재 AI 기술 활용의 한계를 살펴보고자 했다. 9장에서는 현재 신약 개발 혁신을 위해 연구되고 있는 AI 기술 분야와 미래 기술 가능성에 대한 통찰력을 제공하고자 했다. 마지막으로 10장에서는 전 세계적으로 규모가 커지고 있는 신약 개발 시장과 신산업 육성을 위한 정부의 노력, 풍부하고 다양한 신약 개발 생태계를 만들 수 있는 인공지능의 잠재력에 대해 살펴보았다.

이 책을 통해 우리는 인공지능이 단순히 신약 개발의 도구를 넘어 인류 건강을 위한 의료 혁신의 동력으로 작용하는 모습을 살펴볼 것이다. 이제 인공지능과 함께하는 신약 개발은 더 나은 세상, 더 건강한 인류를 향한 도약이다. 또한 더 나은 치료법을 찾아 더 많은 생명을 구하고 인류에게 건강한 삶을 선사하는 새로운 길로 안내할 것이다.

이 책을 통해 독자 여러분이 인류의 건강한 미래를 만들어 갈 인공지능 발전의 여정에 동참하며, 앞으로 펼쳐질 신약 개발 혁신의 가능성에 대한 기대와 희망을 느껴

볼 수 있기를 바란다.

참고문헌

HBTEC(2020.8.5). IBM 왓슨 의료 진단. 9월 20일 접속. http://hbeetec.com/bbs/board.php?bo_table=b0301&wr_id=9

Aristotle(350 BC). *Politics*(T. A. Sinclair, Trans.). Penguin Books.

Bohr, A. & Memarzadeh, K(2020). *Artificial intelligence in healthcare*. SicenceDirect.

Hill, Raymond G & Richards, Duncan(2021). *Drug discovery and development*. ELSEVIER.

Kissinger, Henry A., et al.(2021). *The age of AI: And our human future*. Little Brown and Company.

01
의학과 AI

의학 분야는 환자의 요구가 다양하고, 치료 결과에 대한 끊임없는 기대와 요구가 있다는 점에서 본질적으로 복잡하다. 이러한 도전적인 환경에서 방대한 양의 데이터를 빠르게 처리하고 분석하는 능력을 갖춘 인공지능은 의료의 효율성, 정확성, 개인화를 향상시키며 미래 의학의 핵심 동력으로 떠오르고 있다.

AI와 1인 창업?

인공지능의 출현과 의료 혁신

한때 공상 과학 소설 속에서만 존재하던 흥미로운 상상의 산물이었던 인공지능은 오늘날 상상을 넘어 산업을 재편하고 우리가 살고 일하는 방식을 재정의하며 변화의 핵심 동력으로 부상했다. 일상의 편리함부터 복잡한 산업 운영까지 인공지능은 현대 생활의 수많은 측면에 혁명을 일으키고 있다. 특히 의료 부문에 미치는 영향은 실로 엄청나며 질병 진단, 치료, 예방 방법에서 중요한 패러다임 전환을 촉진하고 의료 서비스 전 분야에 걸쳐 그 영향력을 확대하고 있다(이새봄 외, 2020).

방대한 데이터를 처리하고 분석하는 인공지능의 능력은 어떤 부분에서는 인간의 능력을 훨씬 뛰어넘어 이전에는 상상할 수 없었던 정밀도로 패턴을 식별하고 예측할 수 있는 수준으로 발전했다. 최근 AI 기술 혁신의 대표적인 사례로 단백질 3D 구조 예측을 들 수 있다. 단백질 구조는 생명체의 기능을 이해하고 신약 개발 등 생물학적 연구에 매우 중요한 정보지만, 이를 실험적으로 규명하는 데는 많은 시간과 비용이 필요해서 생물학에서는 오래된 난제였다. 그런데 구글의 AI 자회사인 딥마인드(DeepMind)는 단백질의 아미노산 서열만을 입력받아 그 단백질이 어떤 형태로 접히는지, 3차원 구조를 정확하게 예측할 수 있는 알파폴드(AlphaFold)라는 알고리즘을 개발했다. 이러한 예측의 정확성과 속도는 과학적 발견을 가속화할 수 있는 인공지능의 잠재력을 보여준 사건이었다. 이러한 획기적인 발전은 질병을 이해하고 신약을 개발하는 데 막대한 영향을 미치고 있다(남궁석, 2024; 배성한, 2023; Nat Chem Biol, 2024).

현대 의학에서 커지고 있는 AI의 중요성

의료 분야는 의료 데이터의 양이 계속 증가하고, 환자의 요구가 다양하며, 결과 개선에 대한 끊임없는 기대와 요구가 있다는 점에서 본질적으로 복잡하다. 이러한 도전적인 분야에서 이제 인공지능은 의료의 효율성, 정확성, 개인화를 향상시키는 혁신적인 도구가 되었다. 비노드 코슬라(Vinod Khosla)는 '미래에는 80%의 의사가 첨단 기술로 대체될 것'이라고 주장하였고, 빅데이터 기반의 엄청난 컴퓨팅 기술을 갖춘 인공지능 기반 의료 시스템이 평균적인 의사보다 더 저렴하면서도 정확하고 객관적인 진단을 할 수 있다고 했다(최윤섭, 2017).

예를 들어 의료 영상 분야에서 인공지능을 사용하는 경우를 생각해 보자. 이제 인공지능 기반 도구는 X-ray, MRI, CT 스캔과 같은 의료 이미지를 놀라운 정확도로 분석할 수 있다. 주목할 만한 사례로 인공지능을 활용한 폐암 진단 사례를 들 수 있다. 효과적인 치료를 위해서는 폐암의 조기 발견이 매우 중요하지만, 영상 스캔에서 초기 종양의 미묘함 때문에 여전히 조기 발견은 어려운 과제로 남아 있었다. 2019년 구글헬스(Google Health)는 여섯 명의 방사선 전문의로 구성된 의료 팀보다 더 정확하게 CT 스캔에서 폐암을 감지할 수 있는 AI 모델을 개발하여 발표했다. 이 모델은 암의 존재를 식별할 뿐만 아니라 암의 진행도 평가하여 임상의에게는 치료를 개선할 수 있는 강력한 도구로 활용될 수 있음을 시사했다(Perez-Lopez, 2024).

방대한 양의 데이터를 처리하는 인공지능의 능력은 전자건강기록(EHR) 관리에서도 중추적인 역할을 한다. EHR는 병력, 진단, 치료 계획 등을 포함한 포괄적인 환자 데이터로 매우 중요하지만, 데이터의 양이 엄청나 의료진에게는 부담되는 자료다. AI 알고리즘은 EHR를 분석하여 숨겨진 패턴을 찾아내고, 맞춤형 치료 계획을 추천하고, 질병 위험도를 예측하여 예방 조치를 권고할 수도 있다. IBM의 왓슨 포 온콜로지(Watson for Oncology)는 인공지능을 사용하여 환자의 의료 데이터를 분석하고 수백만 건의 임상 연구와 비교하여 최신 데이터 기반 증거에 입각한 치료 결정을 내릴 수 있도록 지원한다(최윤섭, 2017).

인공지능 기반 수술 로봇은 향상된 정밀도로 외과 의사를 지원하여 최소 침습적 시술을 가능하게 하고 환자 회복 시간을 단축하여 요즘 환자가 선호하는 수술 기법이 되었다. 또한 인공지능은 의료 비용의 상당 부분을 차지하는 만성 질환 관리에서도 중요한 역할을 하고 있다. 예를 들어 마이슈거(MySugr) 및 블루루프(BlueLoop)와 같은 인공지능 기반 앱은 환자의 혈당 수치를 추적하고 추세를 분석해서 개인화된 권장 사항을 제공하여 환자가 자신의 상태를 보다 효과적으로 관리할 수 있도록 지원한다. 이러한 인공지능 기반 도구는 환자 중심으로 만성 질환 관리 방법을 혁신하고 있음을 보여 준다(당뇨병 관리 앱 가이드, 2024).

AI와 신약 개발의 교차점

의료 서비스 제공에 대한 인공지능의 기여는 상당하지만, 약물 개발에 미치는 영향도 이에 못지않게 혁신적이다. 전통적으로 신약 개발 과정은 길고, 고비용의 불확실성으로 가득 차 있는 분야다. 평균적으로 신약을 시장에 출시하는 데는 10년 이상 걸리고 20억 달러 이상의 고

비용이 든다고 추정되며, 그 과정에서 실패 확률도 매우 높아 성공률은 10% 미만으로 추정되고 있다. 이처럼 복잡하고 개발 부담이 큰 환경에서 인공지능은 초기 표적 식별부터 전임상 및 임상 시험에 이르기까지 약물 개발 파이프라인의 모든 단계를 최적화하는 솔루션을 제공하는 혁신적인 힘으로 부상하고 있다(Fleming, 2018).

인공지능이 신약 개발에 미치는 영향의 대표적인 예 중 하나가 코로나 19 팬데믹에 대한 대응 가속화였다. 발생 당시 효과적인 치료법과 백신에 대한 긴급한 필요성으로 인공지능이 중심 역할을 하며 전례 없는 글로벌 공조가 이루어졌다. 2020년 초, 생명공학 회사인 모더나(Moderna)는 인공지능을 사용하여 코로나19 백신의 mRNA 서열을 설계했다. 전통적으로 몇 달, 몇 년이 걸릴 수 있었던 디자인 과정을 인공지능 덕분에 단 48시간 만에 완료했다. 이러한 급속한 발견은 수백만 명의 생명을 구한 성공적인 백신 개발에 중요하게 기여했다(Yuki et al., 2020; 조선일보, 2023).

인공지능은 또한 다양한 화합물이 생물학적 표적과 어떻게 상호작용하는지 예측함으로써 신약 발견에 혁명을 일으키고 있다. 전통적인 약물 발견 과정에는 일반적으로 실험실에서 수천 개의 화합물을 스크리닝하는 작업이 포함되어 있는데, 이는 시간이 오래 걸리는 자원 집약적인 프로세스다. 그러나 인공지능은 이러한 상호작용을 시뮬레이션하여 유망한 약물 후보를 식별하는 데 필요한 시간을 대폭 단축시키고 있다. 예를 들어 아톰와이즈(Atomwise)의 AI 플랫폼은 딥러닝을 사용하여 작은 분자와 표적 단백질의 결합 친화도를 예측하는데, 2015년 아톰와이즈는 AI 모델을 사용하여 잠재적으로 에볼라를 치료할 수 있는 두 가지 약물을 하루도 채 안 되는 시간에 식별하였다. 이는 일반적으로 몇 달이 걸리는 과정이다.

또 다른 흥미로운 점은 인공지능이 이전에 합성된 적이 없는 완전히 새로운 화학 구조를 생성하는 새로운 약물 설계에도 사용된다는 것이다. 이는 특정 표적과 상호작용하도록 특별히 맞춤화된 약물을 만들 수 있다는 점에서 매우 중요한 도약이다. 영국의 AI 회사 엑스사이언티아(Exscientia)는 인공지능을 사용하여 강박 장애(OCD)에 대한 신약을 개발했는데, 단 12개월 만에 개념 정립에서 임상 시험까지 전 과정을 진행하였다(Abbas et al., 2024).

최근 AI 기반 의료 기술 발전 동향

AI 기술이 계속 발전함에 따라 의료 서비스 제공 및 신약 개발에 혁명을 일으킬 수 있는 새로운 의학 트렌드가 나타나고 있다. 가장 중요한 추세는 바로 맞춤형 의료로의 전환이다. 전통 의학에서는 일반적인 환자에게 초점을 맞춘 치료법을 고안하는 경우가 많으나 치료 결과는 환자에 따라 다르게 나타난다. 인공지능은 유전 정보, 생활 방식, 환경 등 개별 환자 데이터를 분석하여 각 환자의 특정 요구에 맞는 치료법을 제공함으로써 보다 개인화된 접근 방식을 가능하게 한다. 이러한 의료 분야의 혁신은 인공지능을 활용한 정밀의료(Precision Medicine)라고 불리기도 한다. 정밀의료는 개인 맞춤형 접근으로, 인공지능이 데이터 분석에 기반하여 각 개인에게 최적화된 치료법을 제시하는 것을 목표로 한다(AI 신약융합연구원, 2023).

예를 들어, 암은 다른 질병에 비해 치료에서 개인차가 비교적 큰 질병이다. 인공지능은 특정 암과 관련된 유전적 돌연변이를 식별하기 위해 게놈 데이터를 분석하여 특정 돌연변이가 있는 환자에게 더 효과적인 표적 치료법을 설계할 수 있다. IBM 왓슨(Watson)은 기존 치료 방법으로는 발견하기 어려운 백혈병 환자의 희귀한 돌연

변이를 식별하여 환자의 예후를 크게 향상시키는 맞춤형 치료를 제공했다.

또 다른 새로운 추세로 기존 약물을 새로운 치료 용도로 재평가하는 약물 용도 변경에도 인공지능을 사용한다. 인공지능은 약물 상호작용, 부작용 및 환자 결과에 대한 방대한 데이터 세트를 분석하여 원래 치료용으로 설계되지 않은 질병에 효과적일 수 있는 약물을 식별할 수 있다. 예를 들어 원래 류머티즘 관절염용으로 개발된 약물인 바리시티닙(Baricitinib)을 코로나19의 잠재적 치료법으로 식별하는 데 인공지능이 사용되었다. 인공지능은 바리시티닙 약물의 분자 구조를 분석하고 SARS-CoV-2 바이러스와의 상호작용을 예측하였다. 코로나19 치료를 위한 바리시티닙의 용도 변경은 팬데믹을 퇴치하는 치료 방법에 중요한 요소로 추가됐다.

인공지능은 소프트웨어 기술에 기반하여 질병을 치료하는 디지털 치료법의 개발을 촉진하고 있다. 이러한 디지털 치료법은 인공지능을 활용하여 치료 프로토콜을 실시간으로 개인화하고 조정하는 장점이 있다. 예를 들어 디지털 치료 앱인 페어리셋오(Pear reSET-O)는 오피오이드 사용 장애 치료용으로 FDA 승인을 받았는데, 이 앱은 인공지능을 사용하여 인지 행동 치료 방법을 제공하고 환자 진행 상황을 모니터링하여 기존 방법을 보완하면서 개인화된 치료 방법을 제공한다.

AI 에이전트(가상 비서)와 챗봇(Chatbot) 기술은 환자 관리의 새로운 패러다임을 제시하고 있다. 의료 AI 챗봇은 환자와의 상호작용을 통해 증상을 평가하고, 적절한 치료 방안을 제시하거나, 진료 예약을 도와주는 기능을 수행한다. 특히 일상적인 건강 관리나 경미한 질병 관리에서 효율적이며, 이는 환자 대기 시간을 줄여 주고 의료 시스템의 부담을 덜어 주는 기술이다. 미국의 바빌론헬스(Babylon Health)는 AI 챗봇을 통해 환자의 증상을 분석하고, 필요한 경우 의사와 영상 원격 상담을 연결해 주는 서비스를 제공한다. 에이다헬스(Ada Health) 플랫폼은 사용자가 입력한 증상을 바탕으로 질병을 추정하고, 적절한 의료 조치를 추천하는 인공지능 기반 디지털 건강 비서다(hundori, 2022).

코로나19 팬데믹을 기점으로 원격의료(Telemedicine)가 빠르게 확산되고 있고, 이 과정에서 인공지능은 핵심적인 역할을 한다. 인공지능 기반 원격 진단 시스템은 환자의 데이터를 분석하고, 이를 통해 의사가 물리적으로 환자를 만나지 않더라도 적절한 진단과 치료를 제공할 수 있다.

특히 원격의료 시스템은 인공지능을 통해 실시간으로 환자의 건강 상태를 모니터링하고, 비대면으로 환자와 상호작용하며 진단의 정확성을 높이는 데 기여할 수 있다. 심장병 환자의 경우 인공지능이 실시간으로 심박수, 혈압 등의 데이터를 분석하여, 이상 징후를 미리 감지하고 적절한 조치를 취할 수 있도록 도와준다. 이러한 인공지능 기반 원격의료는 지역 의료 서비스의 한계를 극복하고, 의료 접근성을 효율화하는 데 큰 역할을 할 것으로 기대되고 있다.

이렇듯 인공지능은 의료의 모든 측면에서 중요한 역할을 담당하며 그 활용 가능성을 계속 확장해 가고 있다. 앞으로도 의료의 효율성을 높이고 환자 중심의 의료 환경을 제공하는 인공지능의 잠재력은 지속적으로 커질 것이다. 나아가 인공지능은 전 세계 의료 데이터의 실시간 분석과 이를 기반으로 한 개인화된 치료 방안을 제시하는 글로벌 의료 네트워크의 핵심으로 자리 잡게 될 것이다.

의료 인공지능 발전은 질병 치료의 패러다임을 바꾸고 미래의 의료 시스템을 완전히 새롭게 재구성할 수 있는 중요한 기술적 도약임은 의심할 여지가 없다.

참고문헌

남궁석(2024). 『알파폴드: AI 신약 개발 혁신』. 바이오스펙테이터.

배성한(2024.1.31.) Google Deepmind AlphaFold 1과 2의 차이점은 무엇일까? 하이퍼랩 블로그. 2024년 9월 23일 접속. https://hyperlab.hits.ai/blog/google-deepmind-alpha-fold-1-and-2

이새봄 외(2020). 헬스케어산업에서의 인공지능 활용 동향. ≪한국콘텐츠학회≫, 20(5), 448-455.

조선일보(2023.2.7.). 10년 걸리던 백신을 1년만에… AI 의료혁명. 2024년 9월 23일 접속. https://www.chosun.com/economy/science/2023/02/07/D5P2Q3TAHJHT7FB6NKZKCB5WRI/?utm_source=naver&utm_medium=referral&utm_campaign=naver-news

최윤섭(2017). IBM 왓슨 포 온콜로지의 의학적 검증에 관한 고찰. ≪Hanyang Med Rev≫, 37, 49-60.

AI신약융합연구(2024.6). 정밀 의학 시장 보고서의 인공지능(AI)-2032. 2024년 9월 23일 접속. https://www.gminsights.com/ko/industry-analysis/artificial-intelligence-in-precision-medicine-market

Hundori(2022.8.19). 내 손안의 인공지능 닥터, Babylon Health. 2024년 9월 23일 접속. https://digitalbonanza.co.kr/healt/

Abbas, M. K. G., et al.(2024). The Role of AI in Drug Discovery ChemBioChem. https://doi.org/10.1002/cbic.202300816

Nat Chem Biol editor(2024). Making use of machine learning. *Nat chem biol*, 20, 935-936. https://doi.org/10.1038/s41589-024-01700-7

Perez-Lopez, R., et al.(2024). Guide to artificial intelligence for cancer researchers. *Nat rev cancer*, 24, 427-441. https://doi.org/10.1038/s41568-024-00694-7

Yuki, K., et al.(2020). COVID-19 pathophysiology: A review. *Clinical immunology*. https://doi.org/10.1016/j.clim.2020.108427.

02
신약 개발에 대한 이해

신약 개발은 질병 치료나 예방을 위해 새로운 물질이나 기존 물질의 새 효능을 발견하여 의약품으로 개발하는 것을 목적으로 한다. 신약 개발은 복잡하고 오랜 시간이 걸리는 과정으로, 새로운 물질을 찾거나 기존 물질을 개량하여 질병 치료에 효과적인 후보 물질을 발견 및 선정하는 발견 단계와 동물 실험 등을 통해 후보 물질의 안전성과 효능을 확인하고 사람을 대상으로 임상 시험을 거쳐 최종적으로 허가를 받아 약으로 시판하는 개발 단계로 구성된다.

AI와 MBTI?

신약 개발 과정

신약이란 질병 치료나 예방을 목적으로 특별한 기능의 신물질을 찾거나 기존 물질의 효능을 새롭게 발견해 의약품으로 보건 당국의 제조 승인을 받은 제품을 뜻한다. 우리나라 「약사법」 제2조8항에서는 신약을 '국내에서 이미 허가된 의약품과는 화학 구조나 본질 조성이 전혀 새로운 신물질 의약품 또는 신물질을 유효 성분으로 함유한 복합 제제의 약품으로서 식품의약품안전처장이 지정하는 의약품'으로 정의하고 있다. 의약품은 과학적 지식과 아이디어에 기반하여 개발되지만, 세부 개발 과정은 간단하지 않다. 결국, 우리 손에 닿는 약은 이미 꽤 먼 길을 여행하고 온 것이다. 하지만 약물의 기본적인 개발 과정을 이해한다면 신약이 실험실 아이디어에서 약국 진열대에 도착하기까지의 긴 여정과 그 뒤에 숨은 노력, 그리고 신약 출시와 관련된 실패와 성공의 의미도 이해할 수 있을 것이다.

신약 개발은 생물학적 정보 탐색 및 원천 기술 연구, 표적 발견, 후보 물질 도출 및 검증, 전임상 실험, 임상 시험, 규제 승인 등 여러 단계를 거치는데 모든 단계가 다 중요하다(Cura Precision Biomedical, 2022). 단계마다 광범위한 테스트, 개선 및 평가 과정이 포함되어 있고 최종 제품의 성공과 실패는 각각의 과정과 연계되어 있다. 의약품 개발의 핵심은 인간이 사용하기에 안전하고 효과적인 새로운 화합물을 발견하고 테스트하는 것, 더 나아가 시판 후 안전성을 모니터링하는 것까지 포함된다.

표적 식별 및 약물 후보 물질 발굴

최근 화학 및 생물학 등 관련 분야에 컴퓨팅 기술이 융합되면서 신약 개발의 기술적 복잡성이 증가하였다. 신약 개발 순서는 크게 표적 식별, 약물 후보 물질 선정, 전임상 및 임상 시험으로 이루어져 있는데, 이 과정이 일련의 순차적인 선형 과정이라기보다는 대용량 처리 화합물 및 스크리닝, 계산 모델링 및 문헌 정보와 같은 다양한 결과를 활용한 피드백을 기반으로 반복과 최적화 과정을 거친다.

신약 개발은 일반적으로 과학자가 질병의 생물학적 메커니즘을 탐구하여 치료를 적용할 수 있는 잠재적 표적을 식별하는 기초 연구부터 시작된다. 표적(혹은 타깃)은 보통 질병 과정에서 중요한 역할을 하는 신체 내 단백질이나 효소를 말한다. 공격해야 할 표적이 확인되면 그다음 단계는 치료 효과를 생성하는 방식으로 표적과 상호작용할 수 있는 화합물을 찾는 단계로 넘어간다.

표적과 상호작용하는 화합물은 자물쇠와 열쇠의 관계로 표현된다. 열쇠인 화합물이 표적인 자물쇠를 열고 세포에 들어가 문제가 되는 부분을 수리하여 치료 효과를 만들어 내는 방식이다. 이를 위해 먼저 생물학적, 생화학적 정보 탐색이 이루어지는데, 이 과정은 대규모 정보를 수집하고 종합화하는 단계로 수천 개의 데이터 소스에서 수십억 개의 데이터를 검색하여 신약 탐색의 통찰력을 확보하는 과정으로 인공지능의 활약이 돋보이는 단계이기도 하다(임재창, 2024).

이때 표적과 상호작용하는 화합물을 찾기 위해 수천 개의 화합물을 스크리닝하는 작업이 포함된다. 과거에는 이 과정이 노동 집약적이었지만 인공지능과 컴퓨팅 기술의 발전으로 지금은 크게 가속화되었다. 높은 처리 속도의 스크리닝 과정을 통해 연구자는 치료를 위한 표적에 수백만 개의 화합물을 신속하게 테스트하여 이전보다 훨씬 빠르게 유망한 신약 후보 물질을 식별할 수 있다(Vamathevan, 2019).

약물 발견 연구에서 단백질 3차원 구조는 약물-단백질 간 상호작용을 이해하고, 효율적인 약물 후보 물질을 찾아내는 데 필수적이다. 단백질은 신체에서 다양한 생리적 기능을 수행하는 중요한 분자들로, 단백질의 3차원 구조는 특정 약물이 단백질의 활성 부위에 잘 맞물려 결합할 수 있는지를 결정하는 데 중요한 정보다. 단백질의 입체적 형태를 모르면 약물이 정확히 어디에 결합해야 하는지, 어떤 화학적 상호작용이 일어나는지를 예측할 수 없다. 그러나 단백질의 구조를 알면, 약물 후보 물질이 해당 단백질과 어떻게 상호작용할지를 보다 정확하게 탐색할 수 있다(윤한울 · 정희진, 2023).

가상 스크리닝(virtual screening)이란 표적 단백질에 대한 새로운 유효 물질 발굴을 위해 사용되는 컴퓨터 기반 기술로, 실제 실험 전에 가장 유망한 약물 후보 화합물을 신속하게 식별하여 개발 시간과 비용을 획기적으로 줄여 준다. 가상 스크리닝 기술은 크게 두 가지 유형으로 나뉜다. 하나는 표적 단백질에 이미 활성이 알려진 화합물들의 구조-활성 관계 정보를 이용하는 리간드 기반 방법이고, 다른 하나는 구조 기반 스크리닝으로, 표적 단백질의 3D 모델을 사용하여 다양한 화합물이 표적 단백질에 어떻게 결합(도킹)하는지 시뮬레이션하는 방법이다. 컴퓨터를 통해 수천 개, 수백만 개의 화합물을 단백질 활성 부위에 결합시키는 시뮬레이션을 수행하여 최적의 약물 후보를 도출한다(Vamathevan, 2019).

이때 단백질 구조가 정확할수록 스크리닝의 정확도와

효율성이 높아져, 약물 개발 초기 단계에서 시간을 크게 절감할 수 있다. 또한 단백질의 3차원 구조는 약물 개발에서 구조 기반 약물 설계(SBDD, Structure-Based Drug Design)의 핵심이다. 이는 단백질 구조를 기반으로 약물을 설계하여, 단백질의 활성 부위와 정확히 맞물리도록 맞춤형 약물을 디자인할 수 있다는 의미다. 3차원 구조를 통해 특정 질병과 관련된 단백질의 구조적 변형이나 결함을 이해할 수 있다면, 약물 효능을 높이고 부작용을 최소화하는 표적 치료제 개발이 가능해진다.

전임상 단계(Preclinical Stage)

약물 기초 연구 이후 신약 후보 물질이 결정되면 다음은 실제로 사람에게 투여되기 전, 실험실과 동물 실험을 통해 약물의 안전성과 효능을 평가하는 전임상 과정을 거쳐야 한다. 이는 임상 시험에 진입하기 전에 반드시 거쳐야 하는 중요한 절차다. 전임상 과정의 주요 목표는 약물의 안전성과 잠재적 독성, 약물의 대사(약물이 신체에서 어떻게 흡수, 분포, 대사 및 배설되는지)와 같은 약리학적 프로필을 평가하는 것으로, 주로 실험실 연구와 동물 실험을 통해 진행된다. 동물 실험은 윤리적 문제와 관련이 깊으므로 동물실험윤리위원회의 사전 승인을 거쳐야 하며, 약물 실험에서 동물 사용을 최소화하는 것도 중요시된다.

전임상 시험은 보통 1~3년 정도 소요되며, 약물 개발 초기 단계에서 상당한 비용이 투입되는 단계다. 이 과정에서 수많은 약물 후보 물질이 실패하고, 성공한 약물만이 임상 시험으로 넘어갈 수 있게 된다. 동물 실험에서 나타나는 결과가 항상 인간에게 적용되는 것은 아니므로 세포 기반 실험과 컴퓨터 모델링을 통한 예측 기술도 점점 발전하고 있다.

전임상 성공의 주목할 만한 예로는 1928년 알렉산더 플레밍(Alexander Fleming)이 페니실린을 발견한 사례를 들 수 있다. 발견 자체는 우연이었지만 후속 개발에서는 박테리아를 효과적으로 죽이는 페니실린의 능력을 입증하는 엄격한 전임상 시험을 거쳐 항생제로 광범위하게 사용되기 위한 토대가 마련되었다.

임상 시험(clinical trial)

화합물이 전임상 연구에서 신약 후보로 가능성을 보이면 임상 시험을 진행하여 인간을 대상으로 테스트된다. 제약 회사가 임상 시험을 실시하기 전에는 반드시 허가 당국으로부터 임상 시험 계획(IND-Investigational

New Drug Application)에 대한 승인을 받아야 한다. 우리나라는 식품의약품안전처, 미국은 식품의약국(FDA, Food and Drug Administration), 유럽은 의약품청(EMA, European Medicine Agency)으로부터 임상시험계획승인신청(IND, Investigational New Drug)을 받는다. 이는 인체 대상 안정성, 유효성 자료 수집을 목적으로 사람을 대상으로 임상 시험을 할 수 있도록 허가 당국으로부터 공식적인 심사와 승인을 받는 절차다(대웅제약 뉴스룸, 2023). 임상 시험은 대체로 4단계로 진행되며 각 단계는 약물 안전성과 효능에 대한 특정 질문에 답하도록 설계되어 있다.

1상 임상 시험: 1단계 시험의 주요 목표는 약물 안전성을 평가하는 것이다. 이 시험은 소규모의 건강한 지원자 그룹(보통 20~100명)이 참여하며 잠재적인 부작용, 약물 대사 및 배설 방법 등 약물 안전성 프로필을 결정하는 것을 목표로 한다. 1상 시험은 약물이 인간에게 심각한 위험을 초래하지 않는지 확인하는 데 그 중요성이 있다.

2상 임상 시험: 약물이 1상을 통과하면 해당 약물로 치료하려는 증상을 가진 대규모 환자 그룹(대개 수백 명)이 참여하는 2상 임상 시험으로 이동한다. 2단계의 목표는 약물 효능을 평가하고 안전성을 추가로 평가하는 것이다. 이러한 시험은 최적의 복용량을 결정하고, 소규모의 1상 시험에서는 나타나지 않을 수 있는 부작용을 식별하는 데 도움이 된다.

3상 임상 시험: 3상 임상 시험은 가장 광범위하며 여러 현장에 걸쳐 수천 명의 환자가 참여한다. 일차 목표는 약물의 효능을 확인하고, 부작용을 모니터링하며, 표준 치료법이나 기존 약과 비교하는 것이다. 3상 시험은 약물 효과와 안전성에 대한 가장 포괄적인 데이터를 제공하며, 그 결과는 규제 승인을 얻는 데 중요하다.

4상 임상 시험: 4상 임상 시험은 신약의 지속적인 효능과 안전성을 보장하기 위해 시판 후 감시에 중점을 두고 정보를 모으는 단계다. 4상 임상에서는 시판 후 부작용, 빈도 및 심각도를 조사하고 새로운 적응증을 탐색하며 초기 단계에 포함되지 않은 특수 환자 그룹에 대한 치료법을 평가한다. 추가 연구에는 특정 약리학적 메커니즘을 조사하고 신약이 이환율과 사망률에 미치는 영향을 평가하기 위한 대규모 추적 연구 등도 포함될 수 있다.

인허가 단계

1상, 2상, 3상 임상 시험이 완료되면 이를 토대로 다시 허가 당국에 신약승인신청(NDA, New Drug Application)을 제출해 승인을 받아야 하는 단계가 남아 있다. 한국은 식품의약품안전처, 미국은 FDA, 유럽은 EMA에서 '약품을 제조 및 출시할 수 있도록 허가 당국으로부터 공식적으로 승인'을 받는다. 제약업체는 의약품 제조 공정, 라벨링 및 제안된 용도에 대한 세부 정보와 함께 전임상 및 임상 연구의 모든 데이터가 포함된 신약허가신청서를 제출해야 한다. 미국은 NDA와 ANDA(Abbreviated New Drug Application), 유럽은 판매허가신청서(MAA, Marketing Authorisation Application)가 있다(대웅제약 뉴스룸, 2023).

규제 기관은 신청서를 철저히 검토하여 약물 안전성, 효능 및 품질을 평가하는데, 결정을 내리기 전에 추가 연구나 데이터를 요청하는 경우가 많다. 허가를 위해서는 약물과 질환 사이의 유효성을 확보하는 것이 관건이며 필요한 모든 기준이 충족되면 판매 승인을 받아 시판될 수 있다. 그러나 규제 과정은 단순히 승인으로 끝나지 않는다. 시판 후에는 일반 대중을 대상으로 약물 안전성을 모니터링하여 장기적인 부작용을 관리하기 위한 감시가 수행된다. 이때 인공지능은 승인 결정 예측, 기록의 불규칙성 식별, 신약 승인 보류 가능성 예측, 특허에 숨겨진 귀중한 통찰력을 찾는 데 사용된다.

최근 역사상 가장 중요한 규제 성공 사례 중 하나는 자궁경부암을 예방하는 인유두종바이러스(HPV) 백신의 승인이었다. 이 백신은 참가자 수만 명을 대상으로 한 광범위한 임상 시험을 통해 HPV 감염을 예방하는 데 매우 효과적인 것으로 입증되었다. 이 승인은 암 예방에 중요한 이정표가 되었으며, 이후 전 세계적으로 널리 채택되어 사용되고 있다.

신약 개발의 과제와 비용

신약 개발 과정은 철저하고 엄격하게 설계되어 있지만 그만큼 매우 복잡한 과정이다. 가장 어려운 문제는 실패율이 매우 높다는 것이다. 임상 시험에 들어간 약물 중 약 10~12%만이 최종 승인을 받는다. 이처럼 낮은 성공률은 예상치 못한 안전성 문제, 효능 부족, 제조상의 어려움 등 다양한 요인에 기인한다.

신약 개발에 드는 재정적 비용 또한 엄청나다. 신약을 시장에 출시하는 데 드는 평균 비용은 15억~26억 달러 사이로 추산되고 있다. 이 수치에는 실패한 약물의 비용과 광범위한 연구 개발 비용이 포함되어 있다. 이러한 높은 비용은 결국 신약 가격에 영향을 미칠 수밖에 없기 때문에 많은 환자에게는 접근 장벽이 될 수도 있다.

반면에 신약 개발의 성공은 제약 회사에 큰 금전적 수익을 안겨 줄 뿐만 아니라 나아가 수백만 명의 생명을 구하고 인류 삶의 질을 향상시킬 수 있는 잠재력 측면에서도 중요한 의미를 지닌다. 예를 들어 암, HIV/AIDS, 알츠하이머병과 같은 질병에 대한 새로운 치료법 개발은 환자와 그 가족에게 희망을 주고 있으며, 약물 연구 및 개발에 대한 지속적인 투자의 가치와 중요성을 알려 주고 있다.

신약 개발은 복잡하고 고비용의 어려움으로 가득 찬 도전적인 분야지만, 동시에 우리 시대에 가장 중요하고 의미 있는 분야 중 하나다. 최근 AI 기술의 발전은 이 분야에 혁신을 불러오고 있다. 인공지능은 생물학에 대한 전례 없는 통찰을 제공하고 혁신적인 신약 개발을 앞당기고 있다(김완규, 2017). 이러한 발전은 단순한 가능성에 그치지 않고 과거에는 불가능하다고 여겨졌던 의학적 돌파구가 현실이 될 수 있음을 보여 주고 있다. 이제 인공지능은 전 세계 환자에게 단순한 기술이 아닌 '희망'과 '기대'로 다가오고 있다.

참고문헌

김완규(2017). 빅데이터 및 인공지능(AI)을 활용한 신약 개발 연구

동향. BioINpro.

대웅제약 뉴스룸(2023). IND(임상 시험 계획 승인신청)와 NDA (품목허가 승인신청).
https://newsroom.daewoong.co.kr/archives/18294

「약사법」 제2조8항.
https://www.bionity.com/en/companies/1035651/desktop-genetics-ltd.html

윤한울·정희진(2023). 인공지능을 활용한 바이오 신약 개발 동향. BRIC VIEW 2023-T08.

임재창(2024.11.11). 초대형 화합물 라이브러리(Ultra-large Library)의 혁신과 미래. 하이퍼랩. 2024년 11월 16일 접속.
https://hyperlab.hits.ai/blog/Ultra-large-Library

Cura Precision Biomedical(2022). 신약 연구 개발 과정 개요 및 최신 미국 동향. ≪보건산업브리프≫ vol. 376.

Vamathevan, J., et al.(2019). Applications of machine learning in drug discovery and development. *Nat rev drug,* Discov 18, 463-477.
https://doi.org/10.1038/s41573-019-0024-5

03
신약 개발을 위한 AI 핵심 개념 이해

신약 개발에 인공지능이 어떻게 활용되고 있는지 더 잘 이해하려면 인공지능의 주요 구성 요소인 기계학습, 신경망과 딥러닝, 자연어 처리 등 기초적인 인공지능의 핵심 개념과 기술을 이해하면 도움이 된다.
현재의 인공지능은 특정 작업에 최적화된 약 인공지능 수준에 머물러 있지만, 강 인공지능이 실현된다면 신약 개발에도 막대한 변화를 가져올 것이다.

AI와 난임 극복?

AI의 기본 구성 기술

이제 신약 개발 연구자는 AI 알고리즘과 머신러닝의 힘을 활용하여 방대한 데이터를 분석하고, 인간이 혼자서는 달성할 수 없는 패턴을 식별하고 예측할 수 있게 되었다. 이는 표적 식별 및 약물 설계에서 임상 시험 최적화 및 맞춤 의학에 이르기까지 신약 개발 과정의 다양한 단계에서 상당한 발전을 가져왔다.

신약 개발 분야에서 인공지능이 어떻게 활용되고 있는지 이해하려면 인공지능의 주요 구성 요소인 기계학습(Machine Learning), 신경망(Neural Network)과 딥러닝(Deep Learning), 자연어처리(Natural Language Process) 등 기본 개념을 이해하는 것이 도움된다. 각 개념을 이해하기 쉬운 방식으로 살펴보도록 하자.

기계학습(머신러닝)

머신러닝이라 불리는 기계학습은 컴퓨터가 학습을 통해 스스로 데이터에 숨겨진 패턴을 찾아내고 그 학습 결과를 바탕으로 예측이나 결정을 내리도록 하는 분야다. 마치 사람이 경험을 통해 배우는 것처럼, 컴퓨터도 데이터를 통해 배우는 것이다. '의료 영상(X-ray, CT 스캔)을 분석한 질병 감지'를 예로 들어 보자. 기계학습을 사용해서 질병을 진단하려고 하면 먼저 컴퓨터에게 '건강한 조직' 또는 '질병에 걸린 조직'이라는 라벨이 붙은 수천 개의 이미지를 제공하고 기계학습 알고리즘을 통해 질병을 나타내는 미묘한 패턴이나 특징을 식별하도록 훈련한다(이를 지도 학습이라고 한다). 시간이 지남에 따라 컴퓨터는 질병에 걸린 조직의 특징을 '학습'하게 되어, 처음 보는 이미지에서도 스스로 이상 징후를 정확하게 식별할 수 있게 된다. 마치 셜록 홈스가 의료 스캔을 보고 "아하! 무슨 일인지 알겠습니다!"라고 말하는 것과 같다.

이러한 머신러닝 기법은 스트리밍 플랫폼의 영화 추천, 음성 인식, 인공지능 기반 의료 시스템, 은행에서 사기 거래 탐지 등 수많은 응용 분야에 사용되고 있다. 의료 분야에서는 의료 이미지, 환자 이력, 유전 정보를 분석하여 의사가 질병을 보다 정확하게 진단하는 데 도움을 준다. 머신러닝 알고리즘은 더 많은 데이터에 노출될수록 더 나은 예측과 결정을 내릴 수 있으므로 정확한 학습을 위해서는 양질의 데이터가 중요하다(Executive Office of the President National Science and Technology Council, 2016).

머신러닝 알고리즘 종류를 간단히 살펴보면 지도 학습, 비지도 학습, 준지도 학습 및 강화 학습 네 가지 유형으로 구분된다. 지도 학습은 레이블이 있는 데이터를 통해 답을 알고 있는 상태에서 인공지능을 훈련하는 방법으로 데이터를 '분류'하거나 값을 예측하는 '회귀', 두 가지 유형으로 나뉜다. 비지도 학습은 지도 학습과는 달리 레이블이 지정되지 않은 데이터 세트에서 패턴, 특성 및 구조를 스스로 파악해 데이터를 군집화(clustering)한다. 적은 양의 분류된 데이터를 사용해 분류되지 않은 더 큰 데이터 세트를 보강하는 방법으로 지도 학습과 비지도 학습을 같이 사용할 수도 있다. 이렇게 지도 학습과 비지도 학습을 결합한 방법이 준지도 학습이다. 레이블이 지정된 데이터를 충분히 확보하기 어렵거나 비용이 많이 들고, 레이블이 없는 데이터는 대량으로 비교적 쉽게 확보할 수 있는 경우에 특히 유용하다. 강화 학습이란 최적의 결과를 얻기 위한 결정을 내리도록 훈련시키는 방법으로, 어떤 환경 안에서 정의된 에이전트가 현재의 상태를 인식하고 그다음으로 선택 가능한 행동 중에서 보상이 가장 큰 행동(최대화)을 선택하도록 하는 방법이다(박해선, 2020).

신경망과 딥러닝

신경망(인공신경망, Artificial Neural Networks) 알고리

즘은 인간 두뇌 구조와 기능에서 영감을 받은 방법론이다. 인간의 뇌는 기본적으로 뉴런(뇌의 기본 단위)과 뉴런 사이의 연결 부위인 시냅스로 구성되어 있는데, 뉴런은 전기 신호를 통해 정보를 주고받으며 우리의 생각, 감정, 행동을 조절한다. 정확한 숫자는 아직 밝혀지지 않았지만 뇌에는 약 860억~1000억 개의 뉴런이 존재한다고 추정되며, 뉴런들은 매우 밀집되어 상호 복잡하게 연결된 '뉴런'의 레이어로 구성되어 있다. 무언가를 볼 때 뇌의 뉴런은 특정 패턴으로 활성화되어 물체를 인식하고 이에 따른 결정을 내리게 한다.

신경망은 이런 인간 뇌의 뉴런과 시냅스를 모방한 알고리즘으로, 입력층, 하나 이상의 은닉층, 출력층으로 구성되어 있다. 각 층에는 인간의 뇌에 있는 뉴런과 시냅스를 본뜬 노드들이 있고 노드들은 가중치를 통해 서로 연결되어 있다. 신경망 알고리즘에서는 입력 데이터가 여러 계층의 뉴런을 통과하여 최종 출력값으로 나오게 되는데, 이 출력값을 이미 알고 있는 목푯값과 비교하여 둘 간의 오차를 계산하고, 이 오차를 줄이는 방향으로 다시 가중치를 조절하면서 학습해 나간다. 학습이 다 끝나면 신경망의 출력값이 우리가 목표로 하는 값과 매우 유사한 수준에 이르게 된다. 이 둘의 값이 얼마나 가까운지는 여러 가지 방법으로 그 정확도를 평가할 수 있다. 이러한 신경망 학습을 통해 궁극적으로 이미지를 분류하거나 추세를 예측할 수 있다.

신경망을 기반으로 발전한 분야가 딥러닝이다. 딥러닝은 신경망의 구조를 확장하여 여러 층(layer)이 쌓여 있다고 해서 '딥(Deep)'이라는 이름이 붙여졌다(Goodfellow et al., 2016). 딥러닝은 많은 데이터를 입력받아 스스로 중요한 특징을 찾고 이를 기반으로 결정을 내린다. 따라서 단순한 기계학습보다 훨씬 더 복잡한 문제를 해결할 수 있어 이미지 인식, 자연어 처리, 음성 인식, 의료, 자율 주행 등 다양한 분야에서 복잡한 문제를 해결하는 데 뛰어난 성능을 보여 준다. 가장 잘 알려진 예는 딥러닝 알고리즘이 수천 장의 고양이 사진을 학습하고 나서, 나중에 새로운 사진에서도 고양이를 정확히 인식해 낸 사례다.

우리가 익히 알고 있는 딥러닝의 가장 유명한 사례 중 하나가 바로 바둑 세계 챔피언 이세돌 9단을 물리친 알파고(AlphaGo)다. 딥마인드가 개발한 알파고는 가장 복잡하다고 알려진 바둑에서 딥러닝 기술을 사용하여 상대편이 둘 수 있는 수백만 개의 가능한 동작과 전략을 분석하며 인간을 능가하는 인공지능 역사의 이정표를 세웠다. 딥러닝은 방대한 양의 데이터를 분석하여 패턴을 찾아낼 수 있으므로 신약 개발에서도 새로운 가능성을 열고 있다. 과거에는 수년이 걸리던 신약 개발 과정을 단축하고, 성공률을 높이며, 새로운 표적 발견이나 더욱 효과적인 약물을 개발하는 데 기여하고 있다.

머신러닝과 딥러닝의 관계를 살펴보면 머신러닝은 데이터를 통해 컴퓨터가 스스로 학습하는 방법으로 알고리즘이 주어진 데이터를 기반으로 패턴을 찾아내고 이를 기반으로 새로운 데이터를 처리하는 것이고, 딥러닝은 인공신경망을 활용해 더 복잡하고 방대한 데이터를 처리하고 학습할 수 있는 기술로 기계학습의 발전된 형태라고 할 수 있다. 따라서 모든 딥러닝은 기계학습의 일종이지만 모든 기계학습이 딥러닝은 아니다. 따라서 기계학습이 좀 더 포괄적인 범위를 갖는다고 이해하면 된다.

자연어 처리(NLP)

자연어 처리(NLP)는 컴퓨터와 인간 언어 간의 상호작용을 다루는 분야로 뉘앙스, 관용어, 맥락으로 가득 찬 인간의 언어를 이해하고 생성하도록 컴퓨터를 가르친다고 생각하면 된다(Jurafsky & Martin, 2023). NLP를 통해 컴퓨터는 텍스트나 음성과 같은 대량의 자연어 데이터를 처리 및 분석하여 번역, 감정 분석, 기사 작성과 같은 언어와 관련된 작업을 수행할 수 있다. 예를 들어 음성 비서에게 "오늘 날씨 어때?"라고 요청하면 음성을 처리하고 NLP 알고리즘이 의미를 해석한 후 이해할 수 있는 자연어로 일기 예보에 대한 응답을 생성해 준다.

현재 NLP는 고객 지원, 구글 번역과 같은 자동 번역 서비스, 대용량 문서 요약, 챗봇(Chatbot) 등 많은 분야에서 활용되고 있다. 특히 최근 사람들의 관심을 한 몸에 받고 있는 챗지피티(ChatGPT)와 같은 대형 언어 모델(LLM, Large Language Model)은 주로 자연어 처리와 딥러닝에 기반한 최신 기술로 구성되어 있다. 챗지피티 모델은 문장 내 단어들 사이의 관계를 파악하는 트랜스포머 아키텍처, 사전 훈련(Pre-training)과 미세 조정(Fine-tuning), 대규모 데이터와 연산 자원, 콘텍스트 기반 학습(Contextual Learning), 정교한 규칙 기반 필터링과 후처리 등 다양한 기술을 기반으로 하고 있어 일반인이 이해하기에는 다소 복잡하고 어려운 모델이다.

전자건강기록(EHR)의 구조화되지 않은 데이터를 처리하여 환자 치료를 개선하는 의료 분야에서 NLP는 특히 중요하다. 신약 개발 과정에서 다루는 데이터는 주로 논문, 임상 시험 보고서, 특허, 의료 기록 등 텍스트 형태로 존재하는 경우가 많아서 이러한 비정형 데이터를 처리하고 유용한 정보를 추출하는 데는 NLP가 필수적이다. 대규모 텍스트 데이터를 사람이 일일이 검토하기에는 너무 방대하고 복잡하며 비효율적이다. NLP는 이러한 데이터를 자동으로 분석하고 요약하며 중요한 정보를 추출해 주고, 연구 논문과 특허에서 약물 표적, 메커니즘, 부작용 등을 자동으로 분석해 유망한 신약 후보를 탐색하는 데 도움을 준다.

NLP의 대표적인 활용 예시가 IBM 왓슨이다. IBM 왓슨은 자연어 처리 기술을 이용해 방대한 양의 의학 문서를 분석하여 의사에게 신약 개발 및 치료법에 대한 인사이트를 제공한다. 바이오버트(BioBERT)라는 플랫폼도 생물학적 및 의학적 텍스트 데이터를 처리하기 위한 자연어 처리 모델로, 논문과 임상 데이터에서 중요한 생물학적 정보를 추출하는 데 널리 사용되고 있다. 릿코비드(LitCovid)는 COVID-19 관련 문헌들을 자동으로 분석해 논문 속 중요한 정보를 추출하고 정리해 주는 NLP 기반 도구로 사용되었다(IBM).

NLP는 신약 개발 과정에서 막대한 양의 텍스트 데이터를 효율적으로 처리하고 중요한 정보를 추출하며 신약 후보 물질 발굴, 임상 데이터 분석, 맞춤형 치료 개발 등에 크게 기여하고 있어, 이제 신약 개발에 필수적인 기술로 자리 잡았다.

인공지능의 유형

인공지능은 기능과 범위에 따라 다양한 유형으로 분류되는 경우가 많은데, 이러한 범주를 이해하면 인공지능이 할 수 있는 것과 할 수 없는 것을 명확히 이해하는 데 도움이 된다.

약 인공지능(Weak Artificial Intelligence)이라고도 알려진 좁은 의미의 인공지능은 특정 작업이나 좁은 범위의 작업을 수행하도록 설계되어 있다. 약 인공지능은 우리가 접하는 가장 일반적인 형태의 인공지능이다. 예를 들어 이메일의 스팸 필터로 스팸메일을 잘 구별할 수는 있지만 그 외의 작업은 할 수 없는 것과 같이 특정 작업에 뛰어난 성능을 가지고 있는 경우를 의미한다. 얼굴 인식 시스템, 추천 엔진, 구글 어시스턴트(Google Assistant) 및 아마존 알렉사(Amazon Alexa)와 같은 가상 비서도 이 범주에 속한다.

강 인공지능[Strong AI 또는 AGI(Artificial General Intelligence)]은 일반화된 지능을 가진 인공지능으로, 인간과 같이 광범위한 작업에 걸쳐 지식을 이해하고, 학습하고, 적용하는 기계의 능력을 의미한다. 이는 영화에서 자주 묘사되는 것처럼 독립적으로 생각하고 추론할 수 있는 유형이다. 아직은 이런 강 인공지능은 존재하지 않지만 '다양한 영역에 걸쳐 인간의 지능을 실제로 복제할 수 있는 기계'에 대한 연구는 지속적인 연구 방향이라는 점에서 중요하다.

초지능 AI(Super-intelligent AI)는 창의성부터 문제해결까지 모든 영역에서 기계가 인간의 지능을 능가하는 이론적 개념이다. 이 수준의 인공지능은 잠재적으로 가장 똑똑한 인간을 능가하여 흥분과 우려를 불러일으키는 개념이기도 하다. 초지능 AI는 아직 갈 길이 멀지만 인공지능의 미래와 인류에 미치는 영향에 대해서 종종 중요한 윤리적, 철학적 질문이 제기되기도 한다. '특이점(Singularity)'은 기술적 특이점을 뜻하는 용어로 미래에 인공지능이 급격히 발전하여 인간의 지능을 초월하는 시점을 가리키는 의미로 사용되고 있다. 이 시점이 온다면 기술 발전이 가속화되어 인간의 예측을 넘어서는 변화가 일어날 것이라 예상한다.

현재의 인공지능은 특정 작업에 최적화된 약 인공지능 수준에 머물러 있지만, 강 인공지능이 실현된다면 신약 개발에도 막대한 변화를 가져올 것이다. 강 인공지능은 인간처럼 종합적인 사고와 학습 능력을 갖춘 인공지능을 의미하므로 신약 개발의 모든 과정에서 혁신적인 변화를 일으킬 잠재력을 충분히 가지고 있다. 강 인공지능은 신약 개발 모든 단계—기초 탐색 연구, 약물 후보물질 설계, 임상 시험 설계 등—를 빠르게 수행할 수 있기 때문에 신약 개발 속도를 대폭 단축할 수 있고, 기존 신약 개발 방식에 국한되지 않고 새로운 방식으로 약물을 설계할 수 있는 창의적 사고를 할 수도 있을 것이다. 이를 통해 기존에 없던 혁신적인 화합물이나 약물 구조를 창의적으로 설계하여, 지금까지 발견되지 않았던 질병 치료법을 개발할 수 있다. 또한 여러 타깃을 동시에 공격하는 복합 약물이나 신경 네트워크 기반 질병 모델을 구축할 수 있어 다중 타깃 치료법을 효율적으로 설계할 수도 있을 것이다. 마침내 신약 개발의 궁극적인 목표인 '대중을 위한 약물'에서 '개인을 위한 약물'로의 변화를 주도하여 개별 환자의 유전적 프로필, 생활 습관, 환경적 요인 등을 종합적으로 분석한 완전한 맞춤형 치료법을 설계할 수 있는 시점도 올 것이다.

이렇듯 강 인공지능이 실현된다면 신약 개발의 모든 과정에서 기하급수적인 혁신이 일어날 것으로 기대된다. 인공지능이 인간의 인지적 한계를 넘어서는 순간,

신약 개발 분야도 완전히 새로운 국면을 맞이하게 될 것인데 과연 이러한 시간이 올지, 온다면 언제 올지 궁금하다.

참고문헌

박해선(2020). 『혼자 공부하는 머신러닝+딥러닝』. 한빛미디어.

Executive Office of the President National Science and Technology Council(2016). *Preparing for the future of artificial intelligence.*

Goodfellow, I., et al.(2016). *Deep learning.* MIT Press.

IBM. 머신러닝 알고리즘이란 무엇인가요? https://www.ibm.com/kr-ko/topics/machine-learning-algorithms

Jurafsky, D. & Martin, J. H.(2023). *Speech and language processing*(3rd ed.). Pearson.

04
신약 발견에서 AI의 역할

신약 발견에 인공지능을 사용하는 것은 비교적 최근의 발전이지만, 그 뿌리는 1980년대와 1990년대 컴퓨터 화학 초기 시대로 거슬러 올라간다. 신약 개발에서 인공지능의 진정한 기여와 혁신은 2000년대에 데이터로부터 학습할 수 있게 해 주는 머신러닝 출현과 함께 이루어지기 시작했다. 신약 개발 연구에는 방대한 생물학적, 화학적 데이터가 필요한데 연구자는 데이터에 기계학습을 적용해 인체 내 분자의 행동을 예측할 수 있는 보다 정교한 모델을 개발하기 시작했다.

AI와 사주?

신약 발견의 진화

현대 역사에서 신약의 발견은 대부분 우연, 시행착오, 고된 연구 혹은 단순한 행운의 조합 등으로 이루어져 왔다. 1928년 알렉산더 플레밍(Alexander Fleming)이 페니실린을 우연히 발견했을 때를 생각해 보자. 지저분한 실험실과 잊힌 페트리 접시에서 현대 항생제가 탄생했다니, 이는 아마도 의학 역사상 가장 유명한 사고일 것이다. 작업 공간을 혼란스럽게 유지해야 하는 경우가 있다면 바로 이런 경우가 아닐까? 그러나 일반적으로 효과적인 치료 약을 찾기 위해서는 수천 가지 화합물을 세심하게 검사하고 그중에 유효한 화합물을 찾아내는 과정을 거쳐야 한다. 이렇게 찾아낸 약물은 전임상, 임상 시험을 마친 후 최종 승인까지 받아야 하니 아이디어에서 신약 개발까지 가는 여정은 길고도 험난하다.

현재 신약 개발 분야는 국가적으로도 최대 관심 산업 분야 중 하나이고, 인공지능이라는 새로운 플레이어가 등장하게 되면서 혁신이 일어나고 있는 대표적인 산업 분야다. 방대한 양의 데이터를 처리하고, 패턴을 식별하고, 예측하는 능력을 갖춘 인공지능은 신약 개발 프로세스를 더 빠르고 저렴하고 정확하게 만들 수 있는 잠재력을 충분히 갖추고 있다. 사실 신약 개발에 참여하는 연구자가 인공지능을 적용하려고 했다기보다는 인공지능 개발자가 인공지능 적용 가능성을 보고 다양한 시도를 주도하기 시작했다고 보는 편이 맞다고 할 수 있다.

신약 발견에 인공지능을 사용하는 것은 비교적 최근의 발전이지만 그 뿌리는 1980년대와 1990년대 컴퓨터 화학 초기 시대로 거슬러 올라간다. 이 시기에 과학자들은 컴퓨터를 사용하여 분자 구조를 모델링하고 생물학적 표적과의 상호작용을 예측하기 시작했다. 그러나 기술은 당시 사용 가능한 계산 능력과 알고리즘으로 인해 제한적이었다.

진정한 혁신은 2000년대에 명시적인 프로그래밍 대신 컴퓨터가 데이터로부터 학습할 수 있게 해 주는 머신러닝 발전과 함께 이루어지기 시작했다. 신약 개발 연구에는 방대한 생물학적, 화학적 데이터가 필요한데 연구자는 데이터에 기계학습을 적용해 인체 내 분자의 행동을 예측할 수 있는 보다 정교한 모델을 개발하기 시작했다. 이는 신약 발견에서 인공지능 역할의 시작을 의미하며 그에 따른 급속한 발전을 위한 발판이 되었다.

오늘날 인공지능은 잠재적인 표적 식별부터 화합물의 화학 구조의 최적화, 심지어 임상 시험 결과 예측에 이르기까지 약물 개발 과정의 거의 모든 단계에 통합되어 사용되고 있다. 이 장에서는 신약을 발견하는 과정에서 인공지능이 어떻게 새로운 변화를 가져오고 있는지 살펴보도록 하겠다.

표적(타깃) 식별과 AI

신약 개발은 크게 발견 단계와 개발 단계로 나누어진다. 발견 단계는 특정 질병과 관련된 표적을 식별하고 해당 표적과 효과적으로 상호작용할 수 있는 잠재적인 약물 후보를 발견하거나 설계하는 과정으로 구성된다(정명희 · 권원현, 2021; 김대승 · 강근수, 2022; Zhavoronkov, 2018).

약물 발견에서 해야 할 첫 번째 단계는 질병과 관련된 생물학적 표적을 식별하는 것이다. 표적은 일반적으로 질병의 발병, 진행 또는 병리학에서 중요한 역할을 하는 단백질, 효소, 유전자 또는 수용체와 같은 특정 분자로, 약물이 효과를 발휘하는 특정 생물학적 부위를 의미한다. 이를 쉽게 이해하기 위해 약물은 열쇠, 표적은 자물쇠로 자주 비유된다. 이 표적인 '자물쇠'는 일반적으로 질병 과정에서 역할을 하는 생물학적 분자이기 때문에 약물(열쇠)이 표적(자물쇠)에 결합해서 단백질의 작동을 막거나 조절하는 방식으로 그 활성을 조절(억제, 활성화 또는 기능 변경)하여 치료 효과를 얻고 질병을 치료하는 것이다.

질병을 치료하기 위한 표적을 발견하는 것은 해당 질병을 일으키거나 진행시키는 분자를 찾는 과정이므로 전체 약물 개발 과정의 방향을 설정하는 매우 중요한 단계다. 전통적으로 표적 식별은 기초 연구와 질병 생물학에 대한 깊은 이해에 의존해 왔고 시간이 오래 걸리고 불확실성이 많은 과정이었다.

그러나 이제는 인공지능을 통해 유전 정보, 단백질 구조, 생화학적 경로 등 방대한 양의 생물학적 데이터를 분석하여 잠재적인 약물에 대한 표적을 더욱 빠르고 정확하게 식별할 수 있게 되어 연구 상황이 크게 달라졌다. 인공지능은 기계학습 알고리즘과 고급 계산 모델을 활용하여 복잡한 데이터 세트 내의 눈에 띄지 않을 수 있는 패턴과 상호 관계를 밝혀내고 질병 메커니즘에서 중요한 역할을 하는 단백질이나 유전자와 같은 핵심 분자를 찾아낼 수 있다. 이를 통해 더 빠르고 정확하게 잠재적인 약물 표적을 식별할 수 있게 된 것이다. 예를 들어 AI 알고리즘은 게놈 데이터를 조사하여 특정 질병과 관련된 돌연변이를 식별하고, 적합한 표적이 될 만한 단백질을 추천할 수 있다. 또한 이러한 단백질이 신체의 다른 분자와 상호작용하는 방식을 예측하여 연구자가 추가 조사를 통해 가장 유망한 표적을 찾아내는 데 도움을 줄 수 있다.

표적 식별의 대표적인 활용 사례로는 최근 COVID-19 백신 개발을 들 수 있다. 인공지능은 대유행 초기 단계에서 SARS-CoV-2 바이러스의 유전자 서열을 분석하고 단백질 구조를 모델링하는 데 사용되었다. 전통적인 과학적 방법도 중요한 역할을 했지만, 인공지능은 치료 및 백신 개발에 중요한 표적의 우선순위를 정하는 데 도움을 주었다. 인공지능은 데이터 처리를 가속화하고 바이러스 생물학에 대한 통찰력을 제공하여 표적 식별 과정을 보완해 주었으며, 이를 통해 효과적인 COVID-19 백신 개발이 신속하게 이루어졌다.

약물 설계 및 최적화와 AI

표적이 확인되면 다음 단계는 표적과 상호작용하여 치료 효과를 생성할 수 있는 분자를 설계하는 것이다. 인공지능은 수백만 가지 화합물의 화학적 특성을 분석하여 표적에 효과적으로 결합할 가능성이 가장 큰 화합물을 식별해 낼 수 있다. 따라서 이 과정은 인공지능이 진정으로 빛을 발하는 단계이기도 하다.

단백질 3차원 구조와 AI

약물 설계 단계에서 사용되는 핵심 AI 기술은 인간의 두뇌가 정보를 처리하는 방식을 모방하는 딥러닝 방법이다(Stokes et al., 2020). 딥러닝 알고리즘은 단백질 3차원 구조를 모델링하고 다양한 분자가 단백질과 어떻게 상호작용하는지 예측할 수 있게 해 준다. 이를 통해 연구자는 시간과 비용이 많이 드는 실험실 테스트 대신 시뮬레이션을 통해 성공 가능성이 더 큰 화합물을 설계할 수 있다.

딥러닝을 이용한 단백질 3차원 구조 예측은 생물학 및 신약 개발 분야에서 매우 중요한 돌파구로 평가된다. 단백질은 생명체 내에서 다양한 기능을 수행하는 중요한 생체 분자로 단백질이 어떻게 접히고 3차원 구조를 형성하느냐에 따라 그 기능이 결정된다. 따라서 단백질의 3차원 구조를 정확히 예측하는 것은 질병의 원인 규명과 신약 개발에서 핵심적인 정보다. 예를 들어 알츠하이머병은 특정 단백질의 비정상적인 접힘으로 인해 발생한다. 약물이 단백질 활성 부위에 어떻게 결합하는지 이해하기 위해서는 단백질 3차원 구조에 대한 이해가 필수며, 이를 기반으로 신약 개발자는 특정 질병과 관련된 단백질을 표적으로 하는 약물을 설계할 수 있다.

단백질을 구성하는 아미노산 서열만으로 3차원 구조를 쉽게 알 수는 없다. 기존 실험적 방법으로 단백질 구조를 규명하는 데는 많은 시간과 비용이 소모되어 매우 도전적인 과제였다. 그러나 딥러닝은 이런 한계를 극복하고 단백질 3차원 구조 예측을 크게 향상시켰다. 구글의 딥마인드에서 개발한 딥러닝 기반의 단백질 구조 예측 모델인 알파폴드(AlphaFold)는 2020년 CASP(Critical Assessment of Structure Prediction) 대회에서 놀라운 성과를 보이며 주목받기 시작했다. 알파폴드는 단백질의 아미노산 서열을 입력받아, 그 서열이 어떻게 3차원 구조로 접힐지 예측한다. 이는 생물학적 지식과 실험적 데이터를 학습하여 얻은 패턴을 바탕으로 이루어지는데, 기존 기법과는 달리 실험적 결과에 가까울 정확도로 단백질 구조를 예측할 수 있다. 특히 이전에 해결되지 않았던 수많은 단백질의 구조를 빠르게 규명할 수 있어 신약 개발 과정에서 시간과 비용을 절감하는 데 크게 기여했다. 딥러닝 기술 발전은 이전에는 난제였던 단백질 3차원 구조를 단백질의 아미노산 서열만으로도 예측할 수 있다는 점에서 생명 과학과 제약 산업 전반에 큰 파장을 일으킨 인공지능의 쾌거라 할 수 있다.

딥러닝 기반 단백질 구조 예측은 신약 개발뿐만 아니

라 기초 생명 과학 연구에서도 중요한 도구로 자리 잡아 가고 있다. 단백질 구조에 대한 이해는 세포 내에서 단백질이 어떻게 상호작용하며 기능하는지 생물학적 시스템을 이해하며 생명 현상의 근본적인 원리를 밝히는 데도 중요하다. 인공지능을 통해 아직 실험적으로 규명되지 않은 수많은 단백질의 구조를 예측함으로써 그 기능을 더 잘 이해할 수 있게 되었고, 특정 질병과 관련된 단백질의 비정상적인 구조 변화를 발견하고 이를 통해 새로운 질병 기전을 규명할 수 있는 길이 열렸다. 딥마인드 설립자 데미스 허사비스(Demis Hassabis)와 그의 동료 존 점퍼(John Michael Jumper)는 알파폴드의 단백질 구조 예측에 관한 기여로 2024년 노벨 화학상을 받기까지 했으니, 이 기술이 얼마나 중요한 과학적 기여를 하는지 가늠해 볼 수 있다.

약물 후보 물질 발굴과 AI

연구자가 생물학적 표적을 식별하고 검증한 다음에는 표적과 효과적으로 상호작용할 수 있는 화합물을 찾는 작업을 시작한다. 앞에서 비유한 대로 자물쇠에 꼭 맞는 완벽한 열쇠를 찾는 과정이라고 생각하면 된다. '열쇠'는 표적 단백질에 결합하여 단백질을 켜거나 끄거나 활성을 미세 조정하는 등 기능을 제어하는 화합물이다. 이 단계는 신약 개발의 기반을 마련하기 때문에 매우 중요하다.

이제 후보 물질을 수동으로 찾는 대신 빅데이터 및 AI 기술을 포함한 고급 도구를 사용하여 프로세스 속도를 높이고 있다. 인공지능 기반 도구를 사용하면 수천, 때로는 수백만 개의 잠재적인 화합물(열쇠)을 한 번에 테스트할 수 있다. 이러한 탐색은 약물 후보로 작용할 수 있는 물질의 대규모 데이터베이스인 복합 라이브러리에서 시작하는데, 이 라이브러리에는 식물, 동물 또는 미생물에서 추출한 천연 화합물, 실험실에서 생성된 합성 화합물, 최첨단 알고리즘을 사용하여 컴퓨터로 설계한 분자들이 포함되어 있다. 방문을 열기 위한 엄청나게 많은 열쇠가 달린 꾸러미가 있다고 상상해 보라. 이 많은 열쇠 중 어떤 열쇠가 방문에 맞는 열쇠인지 어떻게 찾을 것인가? 이러한 수많은 화합물 꾸러미 중에서 어떤 것이 일치할 수 있는지 알아내기 위해 연구자는 고처리량 스크리닝(HTS, High-Throughput Screening)이라는 프로세스를 진행한다. 이는 화합물과 표적 단백질을 신속하게 혼합하여 그 효과를 측정하는 자동화된 시스템으로, 가장 유망한 후보자만이 다음 라운드로 이동하는 초고속

세션과 같다.

여기서 검색 범위를 더욱 좁히기 위해 연구자는 계산 방법(가상 스크리닝)을 사용하여 화합물이 표적과 얼마나 잘 상호작용할 수 있는지 예측한다. 여기에는 구조 기반 가상 스크리닝과 리간드 기반 가상 스크리닝, 두 가지 주요 유형이 있다. 구조 기반 가상 스크리닝은 표적 단백질의 3D 구조를 활용해 도킹 및 바인딩에 대한 컴퓨터 시뮬레이션을 사용하여 퍼즐 조각처럼 다양한 화합물이 어떻게 끼워질 수 있는지 확인하는 방식이고, 리간드 기반 가상 스크리닝은 이미 알려진 활성 화합물을 사용하여 유사한 특성을 가진 새로운 화합물을 찾아내는 방식이다. 이 두 방법 모두 잠재적인 약물 후보를 빠르고 효율적으로 찾을 수 있게 해 준다.

후보 물질 발견 단계에서 식별된 화합물은 '히트'로 간주되는데, 초기 단계에서 발견된 화합물은 거친 다이아몬드와 같아서 연마가 필요하다. 이러한 히트 물질은 표적에 잘 작용할 뿐만 아니라 부작용을 최소화하는 물질로 정제되고 개선되어야 한다.

발견한 화합물은 마치 자물쇠에 꼭 맞는 완벽한 열쇠처럼 표적 단백질에 강력하게 결합해야 효과가 있다. 약물 부작용도 중요한 문제이기 때문에 원치 않는 부작용을 일으킬 수 있는 체내의 다른 단백질을 피하면서 표적 단백질과만 상호작용을 하는 정밀성도 핵심적이다. 또한 안정적으로 만들어져 체내에 쉽게 흡수되고 필요한 곳에 효과적으로 전달되어야 한다. 이러한 이유로 화합물 테스트, 분석 및 정제 과정의 반복적인 주기는 필수다. 각 단계는 이전 단계의 데이터를 기반으로 연결되어 있고, 과정마다 예상치 못한 문제가 자주 발생하여 상호 연관되어 수정이 이루어진다(정명희 · 권원현, 2021).

인실리코(in silico) 테스트는 컴퓨터 기반 시뮬레이션과 계산 모델을 사용하여 생물학적 시스템, 약물 또는 기타 화학 화합물의 동작을 평가하고 예측하는 것을 의미한다. 이 방법은 현대 약물 발견 및 개발의 필수 부분으로, 연구자가 최소한의 실험실 작업으로 가설을 탐색하고, 잠재적인 약물 후보를 선별하고, 그 특성을 개선할 수 있도록 해준다. 분자 경로를 연구하고 질병과 관련된 특정 단백질이나 유전자와 같은 잠재적인 약물 표적을 식별하고 대규모 화합물 라이브러리의 가상 스크리닝에 널리 사용된다. 또한 약물이 체내에서 어떻게 흡수, 분포, 대사 및 배설되는지 시뮬레이션하여 화합물의 효능과 안전성을 예측한다. 인실리코 도구는 화합물이 부작용을 일으킬 가능성을 평가하여 독성 및 환경 영향을 예측한다. 또한 특정 표적에 필요한 특성을 시뮬레이션하고 화합물 구조를 반복적으로 개선하여 잠재력을 최적화함으로써 완전히 새로운 약물 후보를 설계할 수 있다. 인공지능과 기계학습의 최근 발전은 예측을 더 빠르고 정확하게 만들어 인실리코 테스트를 변화시키고 있다.

약물 설계에서 인공지능의 성공적인 예는 생명 공학 회사인 아톰와이즈(Atomwise)가 잘 보여 준다. 아톰와이즈의 '아톰넷(AtomNet)'이라는 AI 시스템은 대규모 라이브러리에서 1억 개 이상의 저분자를 빠르고 정확하게 스크리닝 및 평가해서 선도물질 발굴을 최적화할 수 있다. 이런 AI 기술을 사용하여 에볼라 치료제를 개발할 당시, 시판 중인 7000여 종의 약물 가운데 에볼라 바이러스를 억제할 수 있는 두 개의 신약 후보 물질을 하루 만에 찾아내는 놀라운 능력을 발휘했다. 기존 방식으로는 이러한 속도와 효율성은 불가능한 일이다(홍숙, 2020).

AI 기반 신약 발견의 혁신

인공지능과 자동화 기술 덕분에 한때 몇 년이 걸렸던 일들이 이제는 몇 주 만에 완료되어 그 어느 때보다 빠르고 정확한 신약 발견이 가능해졌다(Schneider et al., 2018). 나아가 인공지능은 기존 단계의 속도만 높이는 것이 아니라 약물 발견 방법을 근본적으로 변화시키고 있다. 인공지능은 유전체학(DNA), 단백질체학(단백질), 대사체학(대사 과정)의 데이터를 통합하여 질병 및 화합물과의 상호작용에 대한 포괄적인 이해를 제공해 준다. 분자 설계를 위한 생성형 AI(Generative AI)는 기존 화합물의 라이브러리를 검색할 필요 없이 특정 목표에 맞게 완전히 새로운 분자를 설계할 수 있다. 또한 인공지능은 화합물이 하나의 대상뿐만 아니라 여러 대상과 어떻게 상호작용할 수 있는지 예측할 수도 있어 화합물의 다른 질병에 대한 새로운 용도를 발견하거나 의도하지 않은 부작용을 피하는 데 도움을 준다.

이러한 발전은 단순한 점진적 개선이 아니라 신약 발견에 있어 혁신적인 변화를 의미하며 과거에는 상상할 수 없었던 더 효율적이고 개인 맞춤형이며 혁신적인 치료법의 시대를 열어가고 있는 모습을 잘 보여 준다.

참고문헌

김대승·강근수(2022). 인공지능 기술을 활용한 신약 개발 과정 혁신. ≪전자공학회지≫, 49(11), 39-46.

정명희·권원현(2021). 신약 개발에서의 AI 기술 활용 현황과 미래. ≪한국정보통신학회논문지≫, 25(12), 1797-1808.

홍수(2020). 브릿지바이오는 AI업체 중 왜, 아톰와이즈를 선택했나.

HitNEWS. 2024년 11월 30일 접속.
http://www.hitnews.co.kr/news/articleView.html?idxno=15551

Schneider, G.(2018). Automating drug discovery. *Nature reviews drug discovery*, 17(2), pp. 97-113.

Stokes, J. M., et al.(2020). A deep learning approach to antibiotic discovery. *Cell*, 180(4), pp. 688-702.

Zhavoronkov, A.(2018). Artificial intelligence for drug discovery, biomarker development, and generation of novel chemistry. *Molecular pharmaceutics*, 15(10).

05
전임상 및 임상 시험에서 AI의 역할

인공지능은 전임상 시험의 약물 안전성과 효능 예측에서부터 임상 시험 설계 최적화, 환자 모집과 모니터링의 효율화, 임상 시험이 끝난 후 장기 데이터 분석과 실제 효과 식별 등 임상 시험과 관련된 모든 단계에서 변화를 가져오기 시작했다. AI 기술이 계속 발전함에 따라 미래에는 훨씬 더 큰 혁신을 이룰 수 있는 잠재력이 있으며 전임상 및 임상 연구에서 새로운 혁신 시대로 가는 길을 열어 줄 것이다.

AI와 아이돌?

약물 개발 과정의 진화

수개월에 걸쳐 잠재적인 약물 후보를 선별한 후 마침내 유망한 약물 후보 물질을 발굴했다고 가정해 보자. 이 후보 물질은 이제 실제 사람에게 투여될 수 있는 안전하고 효과적인 약이 될 수 있을지 확인하는 관문을 통과해야만 한다. 이 단계를 전임상 시험과 임상 시험이라고 부르는데, 과거에는 이 과정이 오랜 시간과 많은 비용이 소요되는 어려운 작업이었다. 하지만 AI 기술의 발전으로 이제는 더욱 빠르고 정확하게 신약 개발의 마지막 관문을 통과할 수 있게 되었고, 이로 인해 인공지능이 또 한 번 신약 개발의 판도를 바꾸고 있는 것을 볼 수 있는 단계이기도 하다. 이번 장에서는 인공지능이 어떻게 전임상 시험과 임상 시험에서 신약 개발의 혁신을 이끌고 있는지, 그리고 미래에는 어떤 모습으로 우리 곁에 다가올지 함께 알아보도록 하겠다.

전임상 시험과 AI

약물을 인간에게 시험하기 전에 안전성과 효능을 보장하기 위해 엄격한 전임상 시험을 거쳐야 한다. 전임상 시험은 마치 우주선이 발사되기 전 마지막 점검을 하는 것처럼, 새로운 약이 인체에 투여되기 전에 반드시 거쳐야 하는 필수 과정으로, 약물 후보의 안전성과 잠재적 효능을 평가한다. 이 단계는 약물이 인간 대상으로 실험을 진행할 만큼 안전한지 결정하는 과정이므로 중요하다.

전임상 시험에서 연구자는 컴퓨터 시뮬레이션, 세포 배양, 동물 모델을 사용하여 실험실에서 약물을 테스트한다. 전임상 시험의 목표는 마치 탐정과 같이 잠재적인 약물이 체내에서 어떻게 작용하는지, 인간에게 테스트할 만큼 안전한지, 원하는 치료 효과가 있는지에 대한 초기 단서를 수집하는 것이다. 이를 통해 추후 인간을 대상으로 실험하기 위한 기반을 마련한다.

이 단계는 시간도 오래 걸리고 고비용, 윤리적 문제 제기의 가능성도 있다. 또한 예상치 못한 독성이나 효능 부족으로 인해 많은 약물이 실패하기도 하는 가장 어려운 단계이기도 하다. 다행히 AI 기술 발전으로 이러한 문제를 해결할 수 있는 길이 열렸다. 인공지능은 전임상 시험에서 발생하는 다양한 문제를 해결하여 신약 개발 성공률을 높이는 데 기여하고 있다.

AI를 통한 약물 안전성 예측

전임상 시험에서 가장 중요한 질문은 이 약물이 안전한가 하는 것이다. 이에 답하기 위해 연구자는 일반적으로 동물에 대한 독성학 연구를 수행하는데, 이 연구는 몇 달 또는 몇 년이 걸릴 수 있다. 그러나 인공지능은 알려진 부작용과 약물 상호작용에 대한 대규모 데이터 세트를 분석함으로써 부작용과 약물 간 상호작용을 예측하여 짧은 시간 안에 약물 안전성 프로필을 향상시킨다.

예를 들어, 먼저 화학 구조와 알려진 독성 효과에 대한 방대한 데이터 세트에 대해 딥러닝 모델을 훈련시킨 다음, 이 모델을 새로운 화합물에 적용하여 간 손상이나 심장 독성과 같은 유해한 부작용을 일으킬 가능성이 있는지 예측한다. 이러한 예측은 개발 프로세스 초기 잠재적 위험을 사전에 찾아내서, 안전성 문제로 후기 개발 단계에서 실패하는 약물의 수를 크게 줄여 시간과 비용을 절약시켜 준다. 또한 동물 실험의 필요성도 줄어 인공지능의 활용은 과학과 윤리적 측면에서 모두 이득이다.

인간에 대한 생물학적 모델링

전임상 테스트에서 인공지능의 가장 혁신적인 적용은 인간 장기 및 시스템의 가상 모델을 만드는 것이다. 예를 들어 인공지능 기반의 가상 간에서 약물이 간에 손상을 일으킬지 예측할 수 있고, 시뮬레이션 심장에서 심장 부작용을 테스트할 수 있다. 이러한 인간 생체의 생물학적 모델을 통해 연구자는 약물이 인체와 상호작용하는 방식을 시뮬레이션할 수 있다.

미국 FDA와 같은 기관에서도 이미 이러한 기술을 탐색하고 있다. 특정 유형의 동물 실험을 완전히 대체할 수 있는 모델을 개발하기 위해 AI 회사와 협력하고 있다. 실험실 쥐가 아닌 가상의 인간을 대상으로 약물 안전성을 테스트할 수 있다고 상상해 보라. 이는 인공지능이 빠르게 실현하는 미래 기술이 될 것이다.

인공지능은 독립적으로 적용되는 것이 아니라 전통적인 전임상 방법을 보완하며 활용된다. 연구자는 인공지능을 사용하여 가장 유망한 약물 후보의 우선순위를 정해 실험을 보다 효율적으로 설계할 수 있다. 예를 들어 인공지능을 통해 초기 실험실 테스트의 데이터를 분석하여 분자 구조를 조정하면서 효능을 강화하거나 독성을 줄일 수 있는데, 이러한 반복적 프로세스는 기존의 시행착오 방법보다 훨씬 빠르게 목표에 도달할 수 있게 해준다.

안전성을 예측하고, 약품을 설계하고, 인간 생물학을 모델링하는 능력을 갖춘 인공지능은 이제 단지 전임상 시험을 개선하는 정도를 넘어 전임상 시험을 재정의하고 있다. 앞으로도 인공지능은 전임상 시험 과정을 더욱 정교하게 발전시키며 혁신적인 변화를 가져올 것이다. 이를 통해 신약 개발의 효율성이 높아지고 성공 확률이 증가하여 신약 개발은 더 빠르고 정확해질 것이다.

임상 시험과 AI

임상 시험은 약물 개발에서 가장 중요하고 비용이 많이 드는 단계로, 안전성, 효능 및 최적의 복용량을 평가하기 위해 인간을 대상으로 테스트하는 단계다(한국의약품안전처, 2022). 실험실과 동물 테스트를 통과한 약물이 사람에게 안전하고 효과적인지 확인하기 위해 마지막으로 사람을 대상으로 진행하는 시험이다. 이러한 임상 시험은 완료하는 데 수년이 걸릴 수 있으며, 수천 명의 참가자가 참여하는 경우도 많아 약물 개발 과정에서 병목 현상의 주요 원인이기도 하다. 임상 시험의 1 · 2 · 3상 성공 확률을 보면, 1상은 32%, 2상은 45%, 3상은 60%로, 3상까지 모두 성공시킬 확률은 10% 정도 수준에 그친다.

후보 물질 발굴, 약물 재창출(Drug Repurposing), 전임상 시험 등 연구 초기 단계에서 AI 기술이 많이 활용되는 반면 임상 시험 단계에서 인공지능 적용과 도입은 아직 초기 단계라고 평가된다. FDA를 비롯한 규제 기관에서도 많은 관심을 갖고 있지만, 안전성과 유효성 평가에 인공지능이 실제로 적용된 사례는 현재로서는 그리 많지 않다(양현수, 2024).

임상 시험 설계와 AI

어려운 임상 시험에서도 인공지능을 활용해 다양한 방식으로 효율성을 높이기 위한 연구와 시도가 이루어지고 있다(Shah et al., 2019; 고정민 외 2024). 먼저 인공지능은 임상 시험이 설계되고 실행되는 방식을 변화시키고 있다. 전통적으로 시험 설계는 노동 집약적인 프로세스로 광범위한 계획과 조정이 필요한데, 인공지능은 과거 임상 데이터, 환자 인구 통계, 게놈 정보 등 대규모 데이터 세트를 분석하여 더 효율적이고 성공 가능성이 큰 임상 시험을 설계하도록 도와줄 수 있다. 예를 들어 인공지능은 이전 연구 데이터를 분석하고 다양한 복용량 시나리오를 시뮬레이션하여 약물의 최적 복용량을 결정하거나, 환자 이탈이나 부작용과 같은 임상 시험 실행 시 발생할 수 있는 문제를 예측하여 사전에 연구자가 임상 시험 설계를 조정할 수 있도록 도와준다.

환자 모집과 AI

임상 시험에 참가할 환자 모집 부분에서도 인공지능의

유용성을 볼 수 있는데, 인공지능은 자동화와 데이터 기반 통찰력을 통해 환자 모집 프로세스를 향상시킨다. 임상 시험에 참여할 적합한 참가자를 찾는 것은 어렵고 시간이 오래 걸리는 작업이지만, 인공지능은 전자건강기록(EHR), 게놈 데이터 및 기타 건강 정보를 분석하여 적격한 후보자를 빠르고 정확하게 식별할 수 있다. 이는 모집 프로세스의 속도를 높여 줄 뿐만 아니라 선택된 참가자가 대상 모집단을 더 잘 대표하도록 보장하여 임상 시험의 전반적인 타당성과 포괄성을 향상시킨다. 또한 환자의 시험 순응도 및 중도 탈락 위험을 예측할 수 있어 환자 모집에 반영하거나 사후 가능한 문제점을 사전에 고려할 수도 있다.

환자 모집에서의 성공 사례로는 IBM의 왓슨 임상 시험 매칭(Watson for Clinical Trial Matching)을 들 수 있는데, 환자의 의료 기록과 진행 중인 임상 시험 기준을 분석해서 잠재적인 일치 항목을 빠르게 식별하여 암 환자를 적합한 임상 시험과 연결해 준다(IBM, 2024).

임상 시험 모니터링과 AI

임상 시험 중에 참가자를 실시간 모니터링하는 데에도 인공지능이 활용된다. 인공지능은 웨어러블 기기, 모바

일 앱, 기타 디지털 건강 도구에서 데이터를 분석하여 참가자가 치료에 어떻게 반응하는지에 대한 실시간 통찰력을 제공한다. 인공지능 기반 플랫폼은 원격 데이터 수집이 가능하므로 빈번한 임상 방문의 필요성을 줄여 참가자의 편의성을 높이고 환자 모집을 더 넓은 지역으로 확대할 수 있도록 도와준다. 이러한 모니터링을 통해 연구자는 새로운 추세에 대응하면서 복용량을 조정하거나 연구 프로토콜을 수정하는 등 데이터 기반 의사 결정을 내릴 수 있다.

임상 시험 예측과 AI

인공지능은 이전 임상 시험의 과거 데이터를 분석하여 임상 시험 결과도 예측할 수 있다. 또한 잠재적인 안전성 문제와 약물 효능을 예측하여 성공적인 임상 시험 가능성을 높이는 데 핵심적인 역할을 한다. 기존 통계 방법을 사용하면 놓칠 수 있는 패턴과 상관관계를 식별함으로써 연구자가 예상치 못한 부작용이나 효능 부족과 같은 잠재적인 문제를 예측하고, 그에 따라 시험 설계를 조정하는 데 도움을 줄 수 있다. 이러한 예측 기능은 전반적으로 임상 시험의 실패 가능성을 줄이고 성공적인 약물을 시장에 출시할 가능성을 높여 준다.

임상 시험 단계에서 인공지능 활용 가능성은 메디데이터 AI(Medidata AI)가 잘 보여 주고 있다. 메디데이터 AI는 임상 시험 통합 플랫폼으로, 임상 시험 데이터를 분석하고 전문 지식을 결합해 임상 시험 계획 및 설계를 지원한다. 인공지능 기반 데이터 분석과 전문 지식을 통합해 임상 시험에 대한 논리적 근거를 기반으로 임상 시험을 재구성하고, 시험대상자 데이터를 다시 활용해 중요한 치료법을 개발할 수 있도록 도와준다(메디데이터, 2024). 이를 통해 휴먼 데이터 사이언스의 현실적인 활용 가능성이 열리고 있다. 또한 왓슨의 AI 플랫폼도 과거 임상 시험, 과학 문헌, 환자 기록에서 얻은 방대한 데이터를 분석하여 보다 효율적이고 효과적인 시험을 설계하는 데 기여하고 있다.

이 장에서는 인공지능이 어떻게 전임상 및 임상 시험을 혁신하고 있는지 살펴보았다. 인공지능은 실험실에서 약물의 안전성과 효능을 예측하는 것부터 환자 모집과 임상 시험 설계 최적화, 환자 모니터링, 시험이 끝난 후 장기 데이터 분석과 실제 효과 식별 등 임상 시험과 관련된 모든 단계에서 변화를 주기 시작했다. AI 기술이 지속적으로 발전함에 따라 신약 개발 단계에서 인공지능의 역할은 더욱 확장될 것이며, 이는 전임상 및 임상 시험의 효율성, 정확성, 혁신성을 높이는 데 기여할 것이다.

참고문헌

고정민 외(2024). 임상 시험에서 인공지능의 활용에 대한 분석 및 고찰: ClinicalTrials.gov 분석. ≪한국임상약학회지≫, 34(2), 134-139.

양현수(2024). AI는 임상 시험을 바꿨고, 변화는 이미 시작됐다. 2024년 11월 23일 접속.
https://www.docdocdoc.co.kr/news/articleView.html?idxno=3018424

한국의약품안전처(2022). 인공지능(AI) 의료기기 임상 시험방법 설계 가이드라인 민원인 안내서.

IBM(2024). Watson for Clinical Trial Matching. 2024년 11월 23일 접속.
https://www.ibm.com/mysupport/s/topic/0TO500000002PWuGAM/watson-for-clinical-trial-matching?language=en_US

Medidata(2024). https://www.medidata.com/kr/

Shah, P., et al.(2019). Artificial intelligence and machine learning in clinical development: A translational perspective. *Digit.* Med. 2, 69.
https://doi.org/10.1038/s41746-019-0148-3

06
AI 기반 신약 개발 성공 사례

신약을 개발하여 새로운 치료법을 시장에 출시하거나 기존 치료법을 발전시키는 데 인공지능이 중추적인 역할을 한 실제 성공 사례를 살펴보면 인공지능의 혁신적인 영향력을 실감할 수 있다. 많은 사례가 인공지능의 실제 적용이 지닌 유용한 가치와 제약 산업을 재편할 수 있는 잠재력을 보여 주고 있다.

AI와 야구?

해외 사례

사례 1: IBM 왓슨의 기존 약물 용도 변경

IBM 왓슨은 헬스케어 분야에서 가장 잘 알려진 AI 플랫폼이다. 미국 인기 퀴즈 쇼 〈제퍼디(Jeopardy)〉에서 우승한 것으로 유명해진 왓슨은 이후 기존 약물의 새로운 용도를 찾아내는 약물 용도 변경을 포함하여 의학의 다양한 응용 분야에 활용되고 있다.

IBM 왓슨의 주목할 만한 사례로 진행성 신경퇴행성 질환인 근위축성 측삭 경화증(ALS, Amyotrophic lateral sclerosis)에 대한 새로운 잠재적 치료법을 식별하는 데 사용된 경우가 있다. 왓슨은 배로 신경학 연구소(Barrow Neurological Institute)와 협력하여 ALS와 관련된 다섯 개의 새로운 유전자를 발견했는데 이 발견은 ALS 연구에 중요한 돌파구를 제공했다(Hinchliffe, 2016). 인공지능은 방대한 과학 문헌, 임상 시험 데이터, 분자 생물학 데이터베이스를 분석하여 다른 질환에 대해 이미 승인된 약물 중 ALS에도 효과적일 수 있는 약물을 식별하고자 했다. 몇 달 안에 왓슨은 전통적으로 정신분열증 치료에 사용되었던 피모자이드(Pimozide)라는 약물을 포함하여 여러 유망한 후보 물질을 식별했으며, 후속 임상 시험에서는 피모자이드가 ALS의 진행을 늦추고 약물이 효과적임을 입증하였다(Hargrave-Thomas et al., 2020).

이 사례에서 인공지능은 기존 지식을 활용하여 새로운 치료에 응용할 수 있는 방법을 보여 주고, 현재 치료 옵션이 제한된 환자에게 인공지능을 이용해 희망적인 새로운 방법을 찾을 수 있음을 기대할 수 있게 해 준다.

사례 2: 엑스사이언티아와 DSP-1181의 발견

영국에 본사를 둔 엑스사이언티아(Exscientia)는 AI 기술을 활용하여 신약 개발을 혁신하는 생명 공학 회사로, 2020년 약학 및 의료 업계의 주목을 끌며 헤드라인을 장식했다. 인공지능으로 설계된 최초의 약물 DSP-1181이 사람을 대상으로 한 임상 시험에 돌입한다고 발표한 것이다(Sumitomo Pharma, 2020). 일본 제약 회사인 스미토모 제약(Sumitomo Dainippon Pharma)과 협력하여 개발된 이 약은 강박 장애(OCD)를 치료하기 위한 약으로, 인체 임상 시험에 투입될 최초의 AI 약물 후보였다. 이는 인공지능 기반 신약 개발의 전환점으로도 평가받고 있다(최윤섭, 2020).

DSP-1181의 발견 과정은 놀라울 정도로 빨랐다. 전통적으로 약물 발견에는 수년이 걸릴 수 있지만 엑스사이언티아의 AI 플랫폼은 단 12개월 만에 약물 후보를 설계하고 최적화할 수 있었다. 인공지능은 수백만 개의 잠재적인 분자 구조를 분석하여 강박 장애와 관련된 표적 단백질에 결합하는 능력을 예측하고 약동학적 특성을 평가했다. 이러한 신속한 개발 프로세스는 임상 시험 시간을 단축했을 뿐만 아니라 비용도 크게 절감시켰다.

DSP-1181의 성공은 인공지능 기반 약물 개발에서 중요한 이정표로, 인공지능이 약물 발견을 지원할 뿐만 아니라 개념부터 임상 시험까지 전체 프로세스를 이끌 수 있음을 입증한 사례다. 이 사례는 약물 개발 과정에서 인공지능의 활용도가 어디까지 확장될 수 있을지 가늠케 하며, 신속하게 혁신적인 치료법을 제공할 수 있는 인공지능의 잠재력을 보여 주었다.

사례 3: 베네볼런트AI와 COVID-19

베네볼런트AI(BenevolentAI)는 영국의 인공지능 기반 신약 발견 전문 생명 공학 회사다. 2020년은 COVID-19 팬데믹 치료를 위한 신속한 약물 발견과 용도 변경 노력이 전례 없이 필요한 해였다. 이때 베네볼런트AI는 인공지능을 사용하여 잠재적인 치료법을 신속하게 식별하는 데 중요한 역할을 했다.

베네볼런트AI의 플랫폼 벤에이아이 엔진(BenAI Engine)은 생물 의학 연구 논문, 임상 시험 결과, 환자 기록 등 방대한 데이터 세트를 분석하여 바이러스의 복제 능력을 억제할 수 있는 잠재적인 약물을 식별했다. 몇 주 만에 인공지능은 류머티즘 관절염 치료를 위해 개발된 약물 바리시티닙(Baricitinib)이 COVID-19의 잠재적 치료법이 될 수 있음을 확인했다. 이 약물은 곧 임상 시험에 포함되었으며, 후에 입원한 COVID-19 환자 치료를 위해 FDA로부터 긴급 사용 승인을 받았다(Benevolent-AI, 2024).

이 사례는 건강을 위협하는 위기 발생 시 신속하게 대응할 수 있는 인공지능의 능력을 보여 주고 있다. 인공지능은 기존 약물을 신속하게 식별하고 그 용도를 변경함으로써 전염병 및 기타 공중 보건 비상 상황에서 많은 생명을 구할 수 있는 잠재력을 가지고 있음을 알 수 있다.

사례 4: 인실리코 메디슨과 신약 발굴 과정의 혁신

신약 발굴을 위한 미국의 인공지능 전문 생명 공학 벤처 기업인 인실리코 메디슨(Insilico Medicine)은 인공지능을 활용한 신약 개발 분야의 선두 기업 중 하나다. 이 회사는 2019년 인공지능을 활용해 단 46일 만에 신약 후보 물질을 설계하고 합성하는 획기적인 성과를 거두었고, 신약 후보 물질을 발견하는 프로세스를 21일까지 단축했다는 연구 성과를 발표하기도 했다(박찬, 2024; IRS Global, 2021).

성공 사례로 인실리코 메디슨은 AI 플랫폼 파마AI (Pharma.AI)를 활용하여 섬유증 치료제 후보 물질인 INS018_055를 18개월 만에 발굴했다. 먼저, 인공지능은 방대한 데이터를 분석하여 TNIK를 새로운 섬유증 표적으로 제시했고, 생성형 화학 모델 케미스트리42 (Chemistry42)를 통해 TNIK를 표적으로 하는 신규 분자를 설계했다. 이후 전임상 연구에서 INS018_055는 섬유증 질환에 대한 유의미한 효능과 안전성을 입증하여 임상 시험 단계로 진입하게 되었다. 인공지능은 분자를 설계했을 뿐만 아니라 결합 친화도, 독성 및 전반적인 효과도 예측하여 전임상 연구 단계를 크게 가속했다(Feng et al., 2024). 이 사례는 인공지능 기반 신약 개발 방법론의 효율성과 가속화, 제약 업계를 혁신할 수 있는 생성형 AI 기술의 유망한 가능성을 잘 보여 준다.

사례 5: 아톰와이즈와 에볼라 바이러스 퇴치

아톰와이즈(Atomwise)는 인공지능을 활용하여 신약 개발 과정을 혁신적으로 변화시키고 있는 선두 기업 중 하나로, 2014년 서아프리카에서 발생한 에볼라 바이러스 퇴치에 크게 기여한 회사로 잘 알려져 있다. 아톰와이즈는 AI 플랫폼인 아톰넷(AtomNet)을 사용하여 수백만 개의 화합물을 인실리코로 검사하여 에볼라 바이러스의 활동을 억제할 가능성이 가장 높은 화합물들을 식별했다(배영구, 2017). 아톰넷은 딥러닝 알고리즘을 사용해 잠재적인 약물 후보의 분자 구조를 분석하며 바이러스 복제에 필수적인 바이러스 단백질과 어떻게 상호작용할 것인지 예측했다. 몇 주 안에 몇 가지 유망한 화합물을 식별했는데, 그중 일부는 나중에 실험실 테스트를 통해 바이러스 억제에 효과적인 것으로 확인되었다.

이 사례에서 아톰와이즈는 인공지능을 사용하여 공중 보건 비상 상황에서 잠재적 치료법을 신속하게 제공하는 방법을 보여 주고 있다.

이외에도 화이자, 아스트라제네카, 사노피 등 약 30개 이상의 글로벌 제약사들도 AI 기술을 이용해 많은 성과를 내는 것으로 알려져 있다. 얀센은 영국 베네볼런트AI(BenevolentAI)와 개발한 신약후보 물질이 임상 2상에 진입한 상태고 리커전 제약(Recursion Pharmaceuticals)은 자동화, 인공지능, 기계학습 및 생체 내 검증 기능을 결합해 뇌해면상 혈관기형(CCM, Cerebral Cavernous Malformation) 치료를 위한 신약 후보 물질을 개발하여 임상 1상 임상시험계획승인신청(IND)의 FDA 승인을 받았다. 구글의 자회사인 23앤드미(23andMe)는 유전체 정보를 기반으로 빅데이터와 머신러닝을 이용해 신약 개발이 가능한 항체를 개발하기도 했다. 이렇듯 해외의 많은 제약 회사와 생명 공학 회사가 신약 개발에 인공지능 활용을 확대하고 있는 추세다(고재구, 2023).

국내 사례

국내 제약사들도 신약 개발 과정에서 시간과 비용 절감을 위해 인공지능을 활용하고자 AI 전문 기업과 파트너십을 강화하는 추세다. 파로스아이바이오, 신테카바이오와 같은 중소 바이오벤처가 중심이 되었던 인공지능 신약 개발 사업에 대기업들이 참여하면서 인공지능 기반 신약 개발 기술력에 대한 관심이 높아지고 있다(배영우, 2017; 김보근, 2024).

대웅제약은 미국 크리스탈파이(XtalPi)와 인공지능 기반 신약 개발 플랫폼을 이용한 항암 신약 공동 연구 및 개발 계약을 체결하고 합성치사(synthetic lethality) 원리에 기반한 항암 타깃 신약 개발을 공동 진행한다고 발표하였다. 크리스탈파이의 양자 역학 기반 인공지능 신약 발굴 플랫폼은 기계학습을 기반으로 광범위한 분자 화합물의 약학적 성질을 예측할 수 있는 역량을 갖추고 있어, 공동 연구를 통해 보다 효율적인 신약 후보 물질 발굴을 기대하고 있다는 설명이다(대웅제약 뉴스룸, 2022).

유한양행은 파로스아이바이오와 협력하여 인공지능 기반 KRAS 저해제를 공동 연구하고 있는데 이 연구를 통해 백혈병 치료제 후보 물질로 'PHI-101'을 발굴해서, 현재 국내와 호주에서 임상 1상을 진행 중이다(김성민, 2022).

SK바이오팜은 AI 기술을 활용하여 신약 개발을 혁신적으로 변화시키고 있는 대표적인 국내 기업이다. 인공지능 기반 약물 설계 플랫폼인 허블(Hubble)을 개발하여 초기 연구 개발에 활용하였고, 최근 허블 플러스(Hubble Plus)로 플랫폼을 고도화하여 표적단백질분해기술(TPD) 및 방사성 의약품 치료제(RPT) 신약 개발에 적용하고 있다. 또한 SK C&C와 협력하여 인공지능 기반 약물 설계 플랫폼을 개발했는데, 이 플랫폼은 중추신경계에 특화된 방대한 연구 자료를 바탕으로 신약 개발에 최적화된 AI 알고리즘을 적용하고 있다(남정민, 2024).

이외에도 JW중외제약은 신테카바이오와 협약을 맺고 유전체 빅데이터 기반의 AI 플랫폼 '딥매처(Deep-Matcher)'를 활용해 신약 개발에 착수한다고 발표하였고, 한미약품은 아이젠사이언스와 'AI 플랫폼 기반 항암 신약 연구 개발' 업무 협약을 체결하여 항암 신약 후보 물질을 도출하고 상용화하기 위한 공동 연구를 진행하고 있다고 발표하였다. SK바이오팜은 인공지능 기반 신약 개발 기업인 스탠다임과 협업 관계를 맺었으며, 한독은 인공지능 신약 개발 플랫폼 '닥터 유지(Dr. UG)'를 보유한 디어젠과 협력해 인공지능 기반 신약 개발을 진행하고 있다.

앞으로도 국내 제약 회사와 AI 기술을 보유한 국내외 생명 공학 기업 간 협업은 더 활발해질 것으로 예상된다. 2023년 국내 제약 기업과 AI 기업 간 파트너십은 총 232건으로 보고되고, 특히 글로벌 기업의 신약 개발에는 AI 기술 적용이 증가하여 파트너십이 많은 것으로 파악되고 있다(정혜윤 외, 2023). 앞으로 이러한 추세는 더 증가할 것이고 이를 통해 신약 개발 혁신은 더욱 가속화될 것이다.

참고문헌

고재구(2023). 약물 발견 AI 사용 글로벌 시장 5년간. 메디팜스투데이. 2024년 11월 19일 접속.
http://www.pharmstoday.com

김보근(2024). AI가 몰고 온 '제약 혁신'…"단축된 개발 시간, 연장된 생명의 시간. 건강한겨레. 2024년 11월 25일 접속.
https://www.hani.co.kr/arti/hanihealth/pharm/1168649.html

김성민(2022). 파로스, 유한양행과 'KRAS 저해제' "L/O+공동연구". 바이오스텍테이터. 2024년 11월 19일 접속.
https://m.biospectator.com/view/news_view.php?varAtcId=15959

남정민(2024). SK바이오팜 "AI로 차세대 신약 본격 개발". BioInsight. 2024년 11월 19일 접속.
https://www.hankyung.com/article/2024042575211

대웅제약 뉴스룸(2022). 대웅제약, 美 XtalPi와 AI 플랫폼 활용한 항암 신약 개발 진행. 2024년 11월 19일 접속.
https://newsroom.daewoong.co.kr/archives/13202

박수연(2024). 신약 개발에 뛰어든 국내 제약사, 어떻게 글로벌 시장에 대응할 것인가? 한국제약바이오협회. 2024년 11월 19일 접속.
https://www.caiid.org/ko/news/column/view/1102

박찬(2024). 인실리코 메디슨 최초의 AI 생성 및 AI 발견 약물 공개. 2024년 11월 19일 접속.
https://www.aitimes.com/news/articleView.html?idxno=157864

배영우(2017). 인공지능을 이용한 신약 개발 동향 및 활용사례. ≪BioNpro≫, vol 44.

정혜윤 외(2023). 『인공지능(AI) 활용 신약 개발 경쟁력 강화 방안』. 한국보건산업진흥원 보건산업정책연구. KHIDI-CHIP-R-2023-10.
최다은(2024). SK바이오팜·CJ바사 'AI 신약 개발' 꽂힌 이유. 시사저널. 2024년 11월 19일 접속. https://www.sisajournal-e.com/news/articleView.html?idxno=403921
최윤섭(2020). 인공지능으로 개발한 신약 후보 물질의 첫 임상 시험? 최윤섭의 디지털헬스케어. 2024년 11월 19일 접속. https://www.yoonsupchoi.com/2020/02/02/ai-drug-development/
IRS Global(2021). 제약에서 AI가 사람을 능가한다-Insilico Medicine이 개척한 가능성. 2024년 11월 19일 접속. https://www.irsglobal.com/bbs/rwdboard/14870
BenevolentAI(2024). We used our BenAI Engine to identify a leading COVID-19 treatment, which is now FDA approved. 2024년 11월 19일 접속. https://www.benevolent.com/about-us/sustainability/COVID-19/
Feng Ren, et. al.(2024). A small-molecule TNIK inhibitor targets fibrosis in preclinical and clinical models Nature Biotechnology. https://www.nature.com/articles/s41587-024-02143-0 출처 : 의료기기뉴스라인(http://www.kmdianews.com)
Hargrave-Thomas, E., et al.(2020). AI in drug discovery and development: An Analysis of the success of IBM Watson. *Trends in pharmacological sciences*, 41(12), pp. 905-912.
Hinchliffe E.(2016). IBM's Watson supercomputer discovers 5 new genes linked to ALS. 2024년 11월 19일 접속.

https://mashable.com/article/ibm-watson-als-research

Stokes, J. M., et al.(2020). A deep learning approach to antibiotic discovery. *Cell*, 180(4), pp. 688-702. e13.

Sumitomo Pharma, et al(2020). Sumitomo Pharma, Sumitomo Dainippon Pharma and Exscientia Joint Development New Drug Candidate Created Using Artificial Intelligence (AI) Begins Clinical Study. 2024년 11월 19일 접속. https://www.sumitomo-pharma.com/news/20200130.html

07
맞춤형 의료에서 AI의 활약

의료의 궁극적 목표는 맞춤형 의료다. 인공지능은 맞춤형 의료 분야에서 환자의 유전적, 환경적, 개인적 특성을 분석하여 더욱 정교하고 효과적인 맞춤형 치료를 가능하게 한다. 표적 약물 개발과 맞춤형 치료 계획 수립에서 인공지능의 역할은 앞으로 더욱 확대될 것이며, 이는 치료 효과를 극대화하고 부작용을 최소화하는 개별 환자 맞춤형 의료 시대의 문을 여는 열쇠가 될 것이다.

AI와 윤동주?

맞춤형 의료와 AI 정밀 의학

맞춤형 의료(Personalized Medicine)란 환자 개인의 유전 정보, 생활 습관, 환경적 요인을 바탕으로 각기 다른 치료법을 제공하는 의료 방식을 말한다. 이는 전통적으로 '하나의 치료를 모든 환자에게 동일하게 적용하는' 치료 방식과는 차별화되는 개념이다. 맞춤형 의료의 목표는 개별 환자에게 가장 효과적이면서도 부작용이 적은 치료를 제공하는 것이며, 이는 의료의 궁극적 목표이기도 하다. 현재 발전된 기술을 활용하여 의료 분야에서 맞춤형 의료를 구현하려는 노력이 활발하게 진행되고 있는 가운데, 인공지능이 핵심적인 역할을 하고 있다.

AI 정밀 의학은 복잡한 의료 데이터를 분석하고 환자 관리 및 치료 결정을 향상시키는 고급 컴퓨팅 알고리즘 및 기술을 활용하는 분야다. AI 정밀 의학 기술 시장 규모는 2022년에는 1.2억 달러였으나, 2032년에는 17.1억 달러로 급성장이 예상된다(GMI, 2023).

유전적 프로필 분석과 AI

유전적 프로필은 환자의 DNA 서열 정보로, 각 개인의 유전자 구조와 변이에 대한 정보를 제공한다. 유전자는 질병의 발병과 치료 반응에 중요한 역할을 하며, 특정 유전자 변이는 약물에 대한 반응을 크게 좌우할 수 있다. 암, 심혈관 질환, 당뇨병 등 만성 질환에서 유전적 변이는 치료 결과에 큰 영향을 미친다.

이제 인공지능의 빅데이터 분석 능력 덕분에 수많은 환자의 유전적 데이터를 분석하여 특정 유전자 변이와 질병 간의 관계를 파악할 수 있게 되었다. 유전적 프로필 분석을 통한 맞춤형 치료는 환자의 유전자 정보를 기반으로 환자에게 가장 적합한 치료법을 찾아내는 과정이다. 이 분석은 특정 유전자 변이 또는 유전자 서열의 차이가 질병에 어떤 영향을 미치는지 파악하는 데 중점을 둔다. 이를 통해 개인 맞춤형 치료 전략을 세워, 환자에게 최적화된 약물 치료나 치료 방법을 제안할 수 있다.

예를 들어 HER2 유전자 변이가 있는 유방암 환자는 일반적인 항암제보다 HER2 억제제인 트라스투주맙(Trastuzumab) 같은 표적 치료제에 더 잘 반응한다. 이런 유전적 변이가 발견된 환자에게는 표적 치료를 통해 더 효과적이면서 부작용이 적은 치료를 적용할 수 있다.

유전적 프로필 분석을 위해서는 방대한 유전자 데이터를 다뤄야 한다. 전통적인 방법으로는 유전자 분석과 패턴 파악에 많은 시간이 걸리지만, 빅데이터와 머신러닝 알고리즘을 사용하면 신속하게 유전자 데이터를 처리하여 질병과의 연관성을 찾을 수 있다. 동시에 인공지능은 수많은 유전자 변이를 분석할 수도 있으며, 이를 통해 질병과의 상관관계를 더 명확하게 밝혀낼 수 있다.

템푸스(Tempus)는 AI 기술을 활용하여 환자의 유전자 정보를 분석하고, 이를 바탕으로 더욱 정확하고 개인 맞춤형 의료 서비스를 제공하는 정밀 의학 기술 기업이다. 템푸스는 환자의 유전체 데이터를 분석하여 질병의 원인을 규명하고, 개인별 맞춤형 치료 계획과 최적화된 치료법을 제시하며 인공지능과 유전체 분석 기술을 결합한 정밀 의학이 미래 의료의 핵심 기술이 될 것을 보여준다(Tempus, 2024).

다중 오믹스 데이터 분석과 AI

유전적 프로필 분석은 종종 다중 오믹스 데이터를 통합하여 더 정밀한 분석을 수행한다. 다중 오믹스 분석(multi-omics analysis)은 한 개체의 유전체(genome), 전사체(transcriptome), 단백체(proteome), 대사체(metabolome) 등 다양한 오믹스 데이터를 통합적으로 분석하여 생물학적 현상을 더욱 정확하고 포괄적으로 이해하려는 연구 방법이다. 다중 오믹스 데이터는 방대하고 복잡하여 사람이 직접 분석하기에는 한계가 있고,

서로 복잡하게 상호작용하며 질병과 관련된 다양한 패턴이 존재한다. 인공지능은 다중 오믹스 데이터를 효과적으로 처리하고 통합하여 환자 개개인의 특성을 고려한 맞춤형 치료를 가능하게 하여 정밀 의학에 기여한다.

파운데이션메디슨(Foundation Medicine)은 암 환자의 유전체 정보를 기반으로 개인 맞춤형 치료를 제공하는 글로벌 바이오테크 회사로 암 환자의 종양 DNA를 분석하여 환자 개개인에게 가장 적합한 치료법을 찾는 데 도움을 주는 것을 목표로 하고 있다. 다양한 오믹스 데이터를 종합적으로 분석하여 암의 특성을 정확하게 파악할 수 있고 환자의 종양 샘플에서 수천 개의 유전자 변이를 동시에 분석하여 암 종류, 진행 단계, 예후 등을 예측하고 표적 치료에 적합한 환자를 선별할 수 있다. 이러한 접근은 암 치료의 패러다임을 변화시키며 개인 맞춤형 암 치료를 위한 새로운 가능성을 열어 가고 있다 (Foundation Medicine, 2024).

유전자 치료와 AI

유전적 프로필 분석을 통해 맞춤형 치료의 가능성은 더욱 확장될 수 있는데 특정 유전자 변이가 질병을 일으키는 주요 원인으로 밝혀질 경우, 이를 수정하거나 보완하는 유전자 치료가 가능해진다. 유전자 변이의 위치와 기능을 분석하여 어떻게 유전자 치료가 환자의 상태를 개선할 수 있을지 인공지능을 통해 예측할 수 있다.

크리스퍼(CRISPR, Clustered Regularly Interspaced Short Palindromic Repeats)와 같은 유전자 편집 기술은 분자 '가위' 역할을 하여 표적이 되는 DNA 영역을 절단하고 수정함으로써 특정 유전자 돌연변이를 정밀하게 교정할 수 있다. 이 기술은 유전 질환 치료나 농업 개선 등 다양한 분야에서 혁신적인 잠재력을 갖고 있다. 그러나 유전자 편집 기술의 주요 과제 중 하나는 의도하지 않은 DNA 영역이 절단되어 잠재적으로 예상치 못한 돌연변이와 심각한 부작용을 초래할 수 있는 표적 이탈 효과(off-target)다. 인공지능은 유전자 편집의 정확성을 향상시켜 이 문제를 해결하는 데 도움을 줄 수 있다. 인공지능은 유전자 가위가 표적화할 최적의 DNA 서열을 식별할 수 있어 표적 이탈 효과를 크게 줄일 수 있도록 최적의 표적을 예측 및 선택함으로써 유전자 편집의 안전성과 효율성을 향상시킬 수 있다.

크리스퍼 유전자 가위도 여러 종류가 존재하고 가위마다 서로 다른 특성을 지니고 있어 어떤 상황에서 어떤 유전자 가위를 적용해야 하는지 선택해야 하는 문제도 있다. 그러나 이를 위한 딥러닝 기반의 유전자 추천 알고리즘이 개발되면서 상황에 따라 가장 효율적인 유전자 가위를 추천하는 맞춤형 유전적 치료가 가능해졌다. 또한 인공지능은 기존 유전자 가위보다 훨씬 정교하고 안전한 차세대 유전자 가위를 더 빠르고 정확하게 만들어 줄 수 있어, 앞으로 환자나 질병 맞춤형 유전자 치료제 개발은 더욱 가속화될 것으로 전망된다(뉴시스, 2023). 전 세계적으로 42개 기업 및 연구소가 유전자 가위로 치료제를 개발하는 것으로 알려져 있고, 진행되는 전임상 및 임상 시험도 250개가 넘는 것으로 보고되는 가운데 앞으로 인공지능의 활약이 더욱 기대된다(배진건, 2023).

AI를 활용한 약물 반응 예측

인공지능은 약물 반응 예측에서도 매우 중요한 역할을 담당한다. 환자마다 약물에 대한 반응은 다를 수 있기 때문에 약물 반응은 맞춤형 의료의 핵심 부분이다. 동일한 질병에 대해 같은 약을 복용하더라도 일부 환자는 약물에 잘 반응하고, 일부는 부작용을 경험하거나 전혀 효과를 보지 못할 수도 있다. 이런 차이를 유발하는 요인에는 유전적 변이, 환경적 요인, 식습관, 병력 등 다양한 이유가 있는데, 인공지능은 이 복잡한 요소들을 통합적으로 분석하여 각 환자에게 맞는 약물 반응을 예측할 수 있다.

과거의 의료 방식은 환자에게 동일한 약을 처방한 후, 효과가 없으면 다른 약으로 바꾸는 '시행착오' 방식에 의존했다. 이런 방식은 치료 기간이 길어지고 환자가 부작용에 노출될 가능성이 커지는 문제가 있다. 반면, 인공지능은 다양한 요인을 고려해 약물에 대한 환자의 반응을 예측해서 빠르고 효율적인 치료를 가능하게 한다.

이쯤 되면 이제 인공지능이 약물 반응 예측에 왜 필요한지 추측할 수 있을 것이다. 인공지능은 환자의 유전자 정보, 생리학적 데이터, 병력 등 다양한 데이터를 처리하여 통합적으로 분석할 수 있고, 머신러닝과 딥러닝 알고리즘을 통해 다양한 환자 데이터에서 패턴을 찾아 어떤 환자가 특정 약물에 잘 반응할지 또는 부작용을 겪을 가능성이 있는지 예측할 수 있다.

예를 들어 와파린과 같은 항응고제는 혈액 응고를 막는 역할을 하므로 용량 조절이 매우 중요한데, 용량이 너무 적으면 혈전이 생길 위험이 높아지고, 반대로 용량이 너무 많으면 출혈 위험이 높아진다. 이런 와파린 반응은 유전적 요인(CYP2C9 및 VKORC1 변이 등)과 환경적 요인에 따라 크게 달라질 수 있다. 인공지능은 환자의 유전적 프로필과 라이프스타일 데이터를 분석해 최적의 용량을 예측하여 출혈 등 부작용을 최소화하도록 도와준다.

또한 인공지능은 환자의 과거 병력과 유전자 데이터를 분석하여 부작용이 발생할 가능성을 예측한다. 부작용 위험이 높은 환자에게는 대체 치료법을 권장하거나 사전에 부작용 발생 가능성을 모니터링할 수 있는 방법을 알려 줄 수 있다.

인공지능의 가장 큰 장점 중 하나는 자기 학습(self-learning) 능력이다. 인공지능은 과거 데이터를 학습하고 새로운 데이터를 지속적으로 받아들여 예측 모델을 개선할 수 있기 때문에 시간이 지날수록 더 정확한 약물 반응 예측을 제공할 수 있다. 이러한 과정에서 인공지능은 기존에 알려지지 않은 유전적 변이와 약물 반응 간의 새로운 관계를 발견할 수도 있어, 기존의 임상 연구에서 발견되지 않은 새로운 인사이트를 제공할 수 있다.

앞으로 빅데이터와 클라우드 컴퓨팅 기술을 결합해 전 세계적으로 수집된 환자 데이터가 통합된 의료 네트워크가 구축된다면, 인공지능은 맞춤형 치료에 대해 더 많은 인사이트를 안겨 줄 것이다.

AI 기반 맞춤형 치료 계획 수립

인공지능 기반 맞춤형 치료 계획이란 환자의 개별적 특성에 맞는 최적의 치료 방법을 제안하는 과정에서 인공지능이 중추적인 역할을 담당하는 것을 말한다. 기존의 일괄적인 치료 방법과는 달리 방대한 환자 데이터 분석을 통해 개별 환자에게 가장 적합한 치료 방법을 제시하는 인공지능 기반의 접근 방식은 각 환자의 상태에 치료 과정을 맞춤화함으로써 치료의 효율성과 성공률을 크게 높일 수 있다.

맞춤형 치료의 첫 단계는 무엇보다 환자를 파악하는 일이다. 이를 위해 유전자 프로파일링, 의료 기록, 환자의 생활 습관 및 환경적 요인까지 포함하여 환자의 유전적, 임상적, 생활적 데이터를 수집하고 인공지능이 이를 분석한다. 이 과정에서 환자의 건강 상태가 종합적으로 파악되면서 환자의 과거 병력, 약물 복용 이력과 DNA 분석을 통해 약물 반응이 예측된다. 인공지능은 환자의 기존 약물 치료 효과, 환자 반응 패턴, 임상 시험 데이터를 학습하여 환자의 상태에 적합한 치료법을 추천할 수 있다.

IBM 왓슨의 AI 시스템은 암 환자의 유전자 데이터를 분석하여 전 세계의 최신 의학 연구 결과와 수백만 건의 임상 데이터를 바탕으로 환자 맞춤형 치료법을 도출한다고 알려져 있다(가천대길병원, 2021). 왓슨 포 온콜로지는 환자의 진료 기록과 의료 데이터를 바탕으로 가능한 치료법(treatment plan option)을 권고해 주는데, 예를 들어 해당 암 환자의 진료 기록, 검사 기록, 유전 정보, 수술 가능 여부 등을 입력하면, 이를 기반으로 치료법을 권고해 준다(최윤섭, 2017). 또한 항암제 종류, 항암제의 조합, 방사선 치료, 호르몬 치료 등도 권고한다. 특히 희귀 암 환자에게 효과적인 치료 옵션을 제시하는 것으로 알려져 있고 이를 통해 환자는 기존에 없던 최첨단 맞춤형 치료를 받을 수 있게 되었다.

인공지능은 종양의 유전적 프로필을 분석해 표적 치료제나 면역 치료제를 추천하고 치료 반응을 모니터링하여 필요시 치료법을 조정해 준다. 예를 들어 PD-L1(암세포와 면역세포의 상호작용을 조절하는 암세포 표면에 있는 단백질) 발현이 높은 경우는 암세포가 면역 시스템을 회피하기 위해 사용하는 강력한 방어 기전이 활성화되어 있다는 것을 의미하는데, 이런 경우 PD-1/PD-L1 억제제와 같은 면역 치료제를 추가하여 면역 시스템이 암세포를 공격할 수 있도록 한다. 또한 심혈관 질환 환자의 경우 인공지능이 환자의 심전도, 심초음파, CT

등 다양한 심장 검사 결과를 정확하게 분석하여 심장의 구조적 문제, 기능적 문제, 혈류 상태 등 환자의 심장 상태를 파악하고, 심혈관 질환과 관련된 특정 유전자 변이를 찾아 맞춤형 치료 계획을 제시해 준다.

일단 치료가 시작되면 인공지능은 환자의 치료 경과를 실시간으로 모니터링하고 데이터를 분석하여 계획을 수정해 갈 수 있도록 도와준다. 환자가 치료에 어떻게 반응하는지, 약물 부작용이 있는지, 병이 진행 중인지 등을 감지하여 즉각적인 피드백을 제공하면서 치료 적합성을 평가한다. 이 과정을 통해 치료 전략을 유연하게 조정하거나 환자에게 최적의 결과가 나올 수 있도록 치료법을 변경할 수 있다.

맞춤형 의료에서의 AI의 가능성

인공지능은 미래의 도구가 아니라 지금 이 순간에도 의학의 근본을 바꾸고 있다. 맞춤형 의료에서 인공지능의 역할은 끝이 없고, 이제 의학 혁신의 주역이 되었다. 인공지능이 발전함에 따라 맞춤형 의료의 가능성은 더욱 커질 것이고 인공지능이 우리를 어디로 데려갈지 예측해 보는 것도 재미난 상상이 될 것이다.

'데이터를 먹는 괴물'인 인공지능의 탄생 덕분에 미래

에는 '디지털 의사'처럼 AI 비서가 모든 데이터를 분석해 나만을 위한 치료법을 알려 주는 날이 올 수도 있다. 인공지능의 가장 놀라운 능력 중 하나는 예측이므로 인공지능이 의사에게 환자의 유전자 프로필을 보여 주며 "이 환자는 이 약을 복용하면 심각한 부작용을 겪을 수 있습니다"라고 경고하는 장면도 상상해 볼 수 있다. 인공지능은 실시간으로 환자의 상태를 모니터링하면서 의사의 진단과 치료 결정을 돕고, 더 나아가 세계적으로 연결된 의료 데이터 네트워크를 통해 환자와 유사한 사례를 전 세계 데이터베이스에서 즉시 찾아내서 그 사례에서 사용된 치료법의 성공률을 제시하는 시대가 올 수 있을 것이다.

어쩌면 미래에는 병원을 찾아가기 전 AI 에이전트가 집에서 아침마다 데이터를 분석해 "오늘 이 약은 피하는 것이 좋습니다. 대신 이 약을 사용해 보세요"라고 알려 주며 우리를 질병에서 늘 지켜 주는 든든한 동반자가 되는 모습을 상상해 볼 수 있다.

참고문헌

가천대길병원(2021). "안녕 AI닥터 '왓슨', 어떤 치료가 암 완치에 도움이 될까?" 2024년 11월 23일 접속.

https://m.post.naver.com/viewer/postView.nhn?volumeNo=30910750&memberNo=4624861&vType=VERTICAL
뉴시스 (2023). "맞춤형 유전자치료제 나올까"…韓 연구진, 차세대 유전자 가위 AI로 설계.
https://www.newsis.com/view/NISX20230428_0002284908
배진건(2023). "AI, CRISPR의 RNA-타깃팅 효과 예측하고 유전자치료에 혁명을". HitNews. 2024년 11월 23일 접속.
http://www.hitnews.co.kr/news/articleView.html?idxno=46530
최윤섭(2017). 인공지능은 의료를 어떻게 혁신할 것인가 (2) IBM Watson의 이상과 현실적 과제. 2024년 11월 23일 접속.
https://www.yoonsupchoi.com/2017/06/13/ai-medicine-2/
GMI(2024). 정밀 의학 시장 보고서의 인공지능 (AI)-2032. 2024년 11월 23일 접속.
https://www.gminsights.com/ko/industry-analysis/artificial-intelligence-in-precision-medicine-market
Foundation Medicine. 2024년 11월 23일 접속.
https://www.foundationmedicine.com/

08

신약 개발에서 AI의 해결 과제

인공지능은 신약 개발의 새로운 지평을 열었지만, 그 잠재력과 함께 해결해야 할 과제와 윤리적 딜레마도 동시에 존재한다. 신약 개발에서 인공지능의 적용 한계가 확장되어 감에 따라 우리는 AI 기술이 인류 건강을 위해 책임감 있고, 공평하며, 효과적으로 사용되도록 신중하게 문제점을 탐색해야 한다. 한계와 어려움, 윤리적 고려 사항에 대한 고찰은 향후 인공지능 기반 신약 개발을 올바른 혁신의 방향으로 이끄는 중요한 길잡이가 될 것이다.

AI와 한의학?

AI 기반 약물 개발의 기술적 과제

데이터 품질 및 가용성의 문제

인공지능 기반 약물 개발에서 가장 중요한 과제 중 하나는 충분한 질적, 양적 데이터 확보다. AI 모델, 특히 머신러닝 기반 모델이 효과적으로 작동하려면 방대한 고품질 데이터가 필수다. 그러나 필요한 양질의 데이터를 확보하기가 쉽지 않다. 임상 시험 데이터, 환자 기록, 유전 정보는 종종 불완전하거나 일관성이 없고 편향될 수 있어 AI 모델의 정확성과 신뢰성을 제한할 수 있는 문제를 안고 있다(Obermeyer & Emanuel, 2016; 정명희 · 권원현, 2022).

예를 들어 신약 개발에 사용되는 AI 모델이 백인 남성처럼 어떤 특정 그룹 데이터로 훈련되었다면, 여성이나 소수자 또는 대표되지 않는 다른 그룹에서는 이 모델이 제대로 작동하지 않을 수 있다. 이처럼 훈련 데이터의 다양성이 부족하다면, 기존 의료 격차를 완화하기는커녕 오히려 편향이 강화된 알고리즘이 만들어질 수 있다. 따라서 연구에 필요한 양질의 데이터를 확보하는 것은 공정하고 효과적인 인공지능 기반 신약 발견 과정에서 매우 중요하다.

AI 모델의 해석성의 문제

인공지능 기반 약물 개발에서 또 다른 기술적 과제는 AI 모델의 해석 가능성에 있다. 많은 AI 시스템, 특히 딥러닝을 기반으로 하는 시스템은 '블랙박스(black box)'와 같이 작동한다. 이는 정확한 예측을 할 수는 있지만 왜 이런 결과가 나왔는지 예측 뒤에 숨어 있는 추론이 불투명하다는 의미다. 의사 결정이 생사를 좌우할 수 있는 의약품 개발에서 이러한 투명성 부족은 문제의 소지가 될 수 있다(임대준, 2024).

미국 FDA 및 유럽 EMA와 같은 규제 기관에서는 신약 개발에 사용되는 AI 모델이 해석할 수 있고 설명 가능해야 한다고 요구하고 있다. 이는 AI 시스템을 더욱 투명하게 만들어, 연구자와 임상의가 AI 모델이 특정 결정에 도달한 방법과 이유를 이해할 수 있도록 하는 방법을 찾아야 한다는 의미다. 앞으로 이러한 문제에 대한 해결은 인공지능 기반 신약 개발에 신뢰성을 확보하는 데 핵심이 될 것이다.

기존 개발 워크플로와의 통합

인공지능을 기존 약물 개발 파이프라인에 통합하는 것도 큰 과제다. 의약품 개발은 연구자와 임상의부터 규제 기관과 환자에 이르기까지 수많은 이해관계자가 참여하는 복잡한 다단계 프로세스다. AI 모델이 이런 복잡한 기존 워크플로에 원활하게 통합될 수 있어야 하는데 생각한 것처럼 쉽지 않은 경우가 많다. 예를 들어 약물 발견을 위한 AI 시스템은 기존 실험실 정보 관리 시스템(LIMS, Laboratory Information Management System) 및 임상 시험 관리 시스템(CTMS, Clinical Trial Management System)과 조화롭게 작동해야 한다.

신약 개발에 AI 기술이 폭넓게 활용되려면, 실제 연구와 임상 환경에서 쉽게 통합되고 활용할 수 있는 AI 시스템이 필요하다. 이런 시스템은 사용하기 간편하고 직관적이어야 하며, 인공지능에 대한 전문 지식이 없는 연구자나 의료진도 쉽게 접근해 활용할 수 있도록 설계되어야 한다. 인공지능이 복잡한 기술로 느껴지기보다 연구와 임상을 돕는 유용한 도구로 자리 잡는 것이 필요하다.

AI 기반 신약 개발의 윤리적 고려 사항

편견과 공정성

앞서 언급했듯이 AI 모델의 편견은 윤리적 측면에서도 문제가 될 수 있다. AI 모델이 편향된 데이터로 훈련되면 의료 분야의 기존 불평등을 영속화하거나 심지어 악화시킬 수 있기 때문이다. 예를 들어, 주로 부유한 도시 인구의 데이터로 훈련된 AI 모델은 저소득층이나 농촌 인구의 건강 결과를 예측하는 데 제대로 작동되지 않아 치료 불평등으로 이어질 수 있다(Mittelstadt et al., 2016).

이러한 우려를 해소하기 위해 기업과 연구자는 인공지능 개발의 공정성을 고려해야 한다. 이를 위해 다양하고 대표적인 데이터 세트의 사용, 편견을 완화하는 기술 구현, AI 모델의 불공정 징후에 대한 지속적인 모니터링 등 노력을 기울여야 한다. 또한 규제 기관은 신약 개발에 사용되는 AI 시스템이 공정하고 공평한지 확인하기 위한 지침과 표준을 확립할 필요가 있다.

개인 정보 보호 및 데이터 보안

정보화 시대로 본격 돌입해 감에 따라 그 어느 때보다 개인 정보 보호 문제가 사회 곳곳에서 강화되고 있다. 약물 개발에 인공지능을 사용하면 방대한 양의 민감한 환자 데이터를 수집하고 분석하는 경우가 많아져 개인 정보 보호 및 데이터 보안에 대한 우려가 커진다. 환자의 개인 정보를 보호하고 대중의 신뢰를 유지하려면 이러한 데이터를 책임감 있고 안전하게 처리하고 사용하는 것이 필수다.

유럽 연합의 GDPR(일반 데이터 보호 규정) 및 미국의 HIPAA(건강 보험 이동성 및 책임법)와 같은 현행 규정은 데이터 보호에 엄격한 표준을 설정하고 있다. 그러나 인공지능이 계속 발전함에 따라 겉보기에는 문제가 없어 보이는 데이터에서 민감한 정보를 추론하기 위해 인공지능을 사용하는 등 새로운 기술이 개발될 경우, 이러한 혁신 속도에 맞춰 합리적인 규제 체계를 만들어 가는 것도 중요하다.

강력한 암호화 방법 구현, 환자 데이터 익명화, 명확한 데이터 거버넌스 정책 수립 등 데이터 보안을 보장하기 위한 사전 조치를 취하고, 개인 정보 보호와 보안을 우선시함으로써 환자의 신뢰를 확보하고 잠재적인 법적, 윤리적 위험을 방지할 수 있다.

약물 개발의 책임

인공지능 기반 신약 개발은 책임 소재에 대한 복잡한 질문이 제기될 가능성이 있다. AI 모델이 환자에게 해를 끼치는 오류를 범하게 된다면 그 책임은 누구에게 있는가? AI 모델을 만든 개발자인가, 이를 사용한 임상의인가, 아니면 이를 승인한 규제 기관인가? 사실 이에 대한 책임 소재가 불분명하다.

이러한 질문은 의사 결정 과정이 불투명하고 해석하기 어려운 AI 기술과 협력하는 상황에서 제기될 수 있다. 이 문제를 해결하기 위해서는 인공지능을 활용한 신약 개발의 책임을 명확히 규정하는 지침과 법적 프레임워크가 필요하다.

또한 기업은 조직 내에서 명확한 책임 구조를 확립해서 인공지능 개발을 감독하고 성능을 모니터링하며 발생하는 문제를 해결할 수 있는 책임자나 팀이 지정되도록 해야 한다. 책임 소재를 명확히 해야 인공지능이 책임감 있게 사용되고, 피해가 발생할 시 신속하고 효과적으로 해결할 수 있다.

규제 현황 및 향후 방향

전 세계 규제 기관은 신약 개발에서 인공지능으로 인해 발생하는 문제를 해결하기 위해 고군분투하기 시작했다. 미국의 경우 FDA는 의료 기기와 소프트웨어에서 인공지능 및 머신러닝 기술의 사용과 관련해 '인공지능 기반 소프트웨어 의료기기(SaMD, AI/ML-Based Software as a Medical Device Action Plan)'를 발표하여 투명성, 신뢰성과 책임을 강조하고 있다. 이는 시스템이 새로운 데이터를 학습하면서 시간이 지남에 따라 발전할 수 있다는 점을 인식하고 있다는 의미로, AI/ML 시스템의 지속적인 학습과 업데이트를 어떻게 관리할 것인지에 대한 지침을 제공한다. 유럽의 EMA도 약물 개발에서 인공지능의 영향을 조사하고 적절한 규제 프레임워크를 개발하기 위해 태스크포스 팀을 구성했다. 이 팀은 인공지능의 영향과 위험을 평가하고, 적절한 규제 및 지침을 마련하기 위해 노력하고 있다.

인공지능이 계속해서 발전함에 따라 규제 환경도 새로운 발전에 발맞춰 같이 진화해야 한다. AI 기술의 급속한 변화를 수용 가능한 보다 유연하고 적응력이 있는 규제 프레임워크의 개발과 신약 개발에서 인공지능에 대한 글로벌 표준과 지침을 위한 국제 협력도 필요하다 (Floridi & Cowls, 2019).

규제 기관과의 협력, 인공지능의 윤리적 영향에 대한 공개 토론 참여, AI 기술 활용의 투명성과 책임성 제시 등 기업 역시 의약품 개발에서 인공지능의 미래를 형성하는 데 적극적으로 역할을 담당해야 한다. 앞으로 인공지능의 위험을 최소화하면서도 이점을 극대화하기 위해서는 규제 기관, 기업, 임상의, 연구자의 협력과 공동의 노력이 더욱 필요하다.

참고문헌

임대준(2024). "단백질 생성 AI의 작동 메커니즘 발견"...블랙박스 해결 실마리 될까. AI Times. 2024년 11월 23일 접속. https://www.aitimes.com/news/articleView.html?idxno=156260

정명희·권원현(2021). 신약 개발에서의 AI 기술 활용 현황과 미래. ≪한국정보통신학회논문지≫, 25(12), 1797-1808.

Floridi, L. & Cowls, J.(2019). A Unified Framework of Five Principles for AI in Society. *Harvard data.*

Mittelstadt, B. D., et al.(2016). The Ethics of Algorithms: Mapping the Debate. *Big data & society.* https://doi.org/10.1177/2053951716679679

Obermeyer, Z. & Emanuel, E. J.(2016). Predicting the future: Big data, machine learning, and clinical medicine. *The new england journal of medicine*, 375(13), pp. 1216-1219.

09
신약 개발에서 AI 기술의 미래

신약 개발에서 AI 기술의 발전 방향은 효율성, 정확성 그리고 개인 맞춤형에 중점을 두고 있다. 인공지능은 신약 개발의 패러다임을 바꾸고, 더 안전하고 효과적인 신약 개발을 가능하게 할 것으로 기대되지만 인공지능이 모든 문제를 해결할 수 있는 것은 아니며, 인간 전문가의 역할이 여전히 중요하다. 인공지능과 인간이 상호 보완하며 협력할 때, 우리는 인류 건강을 위해 더욱 안전하고 효과적인 신약을 개발할 수 있을 것이다.

AI와 화장품?

AI 기반 신약 개발의 연구 방향

정밀 의학 및 맞춤형 치료를 위한 AI

인공지능 연구의 가장 주목받는 분야 중 하나는 정밀 의학이다. 이 분야는 현대 의학이 지향하는 궁극적인 목표이기도 하다. 각 개인의 유전적 특징, 생활 방식, 환경 요인을 종합적으로 분석해 최적의 치료법을 제공하려는 접근 방법으로, 정밀 의학을 실현하는 데서 인공지능은 필수다.

인공지능은 약물에 대한 환자 반응을 예측하여 개인에게 맞는 치료 계획과 예방 전략도 제시해 줄 수 있다. 특히 약물 반응의 개인차가 큰 암과 같은 질병이나 만성질환, 희귀 질환 등의 질병 관리 및 치료 방식을 근본으로 변화시킬 수 있는 잠재력을 충분히 가지고 있다(Kourou et al., 2015). 이런 이유로 인공지능은 정밀 의학의 미래를 밝히는 핵심 동력으로 주목받고 있다.

약물 용도 변경 분야의 AI

약물 용도 변경이란 이미 다른 질병 치료를 위해 승인된 약물을 새로운 질병 치료에 사용하도록 적응증을 확대하는 것을 의미한다. 약물 재창출(drug repurposing)이라 불리며, 기존에 다른 질환 치료를 위해 개발된 약물을 새로운 적응증에 활용하는 방식이다. 이 접근법은 개발 비용을 낮추고, 개발 시간을 단축할 수 있다는 점에서 점점 더 주목받고 있다.

기존 치료법으로 효과를 보지 못하는 환자들이나 희귀 질환 환자의 경우 치료제 개발이 더디기 때문에 기존 약물을 활용한 용도 변경이 중요한 치료 옵션이 된다. 인공지능은 기승인된 약물에 대해 임상 시험 기록, 환자 건강 기록, 과학 문헌을 포함한 방대한 데이터 세트를 분석하여 잠재적인 새로운 적응증을 식별하는 데 유용하게 사용되고 있다.

류머티즘 관절염 치료제로 개발된 바리시티닙(Baricitinib)이나 항우울제로 사용되었던 플루복사민(Fluvoxamine)이 COVID-19의 염증 반응 조절에 효과적이라고 밝혀진 것은 모두 인공지능 기반 분석을 통해 이루어졌다(Stebbing, 2022). 많은 사례가 약물 재창출 분야에서 인공지능의 잠재력을 보여 주고 있는데, 앞으로도 인공지능은 치료가 어려운 질환에 더 많은 혁신적 해결책을 제공할 것으로 기대된다(Stokes et al., 2020).

약물 발견 가속화를 위한 AI

인공지능은 고급 시뮬레이션과 모델링 기술을 통해 신

약 개발의 속도를 놀랍도록 향상시키고 있다. 연구자는 인공지능을 활용해 약물과 생물학적 표적 간의 복잡한 상호작용을 가상 환경에서 시뮬레이션하며, 다양한 화합물이 질병 경로에 미치는 영향을 예측할 수 있다. 이러한 과정은 단순히 시간 절약에 그치지 않고, 실제 실험 전에 약물의 특성을 최적화할 기회를 제공한다. 그 결과 약물 후보를 식별하는 속도가 획기적으로 빨라지고 신약 개발 성공 가능성도 크게 향상된다.

예를 들어, 인공지능은 특정 질병에 적합한 후보 물질을 빠르게 발굴하고, 타깃 단백질과의 상호작용을 분석하여 표적 예측의 정확성을 높이는 데 도움을 준다. 또한 약물이 체내에서 유발할 수 있는 독성 반응을 사전에 예측함으로써 임상 시험 실패율을 낮추는 데 기여한다 (Mak & Pichika, 2019).

실제로 인공지능은 신약 개발 과정의 모든 단계에서 중요한 역할을 하고 있으며, 앞으로도 빠른 후보 발굴, 정밀한 타깃 설정, 그리고 안전성 평가와 같은 다양한 분야에서 혁신을 이어 갈 것이다.

AI와 최신 기술의 통합

인공지능과 다른 최신 기술의 통합은 신약 개발을 더욱

발전시킬 가능성이 있다. 특히 인공지능과 블록체인, 고급 영상 기술의 결합은 약물 개발 과정의 혁신을 이끌며, 새로운 치료법 발견에 중요한 역할을 하고 있다. 예를 들어 인공지능과 블록체인 기술의 결합은 임상 시험에서 데이터 보안과 무결성을 향상시킬 수 있다. 블록체인을 통해 환자의 개인 정보를 안전하게 보호하면서, 인공지능이 이 데이터를 분석할 수 있도록 허용하는 체계가 만들어질 수 있다. 의료 데이터 플랫폼 메디레저(MediLedger)는 블록체인을 활용해 의료 공급망 관리와 데이터 보안 문제를 해결하고 있으며, 이와 같은 기술은 신약 개발 프로세스에도 점차 적용될 것이다(Ledger insights, 2020).

또한 인공지능과 기능적 MRI(fMRI), 양전자 방출 단층촬영(PET)과 같은 첨단 영상 기술의 결합은 신약 개발에서 질병 메커니즘에 대한 심층적인 통찰을 제공하고 있다. 인공지능은 고해상도 영상 데이터를 분석하여 질병이 생체 시스템에서 어떻게 진행되는지 실시간으로 시각화할 수 있고, 약물이 특정 질병 경로에 미치는 영향을 정확히 예측할 수 있다.

또한 웨어러블 기기의 실시간 데이터를 인공지능이 분석하여 환자의 상태를 모니터링하고, 클라우드 기반

AI 플랫폼을 통해 전 세계 연구자의 협력을 지원한다. 이렇듯 인공지능과 최신 기술의 통합은 신약 개발의 새로운 패러다임을 열어 가고 있고, 앞으로도 이러한 융합 기술은 신약 개발 과정에서 더 중요한 역할을 하며 의료 혁신을 선도할 것으로 기대된다.

생성형 AI를 통한 혁신의 가능성

전통적으로 신약을 발견하고 개발하는 과정과는 완전히 다른 새로운 솔루션을 창출할 수 있는 고급 인공지능 기술로 생성형 AI가 떠오르고 있다.

생성형 AI의 핵심은 생성적 적대 신경망(GAN)이나 변분 오토인코더(VAE, Variational Autoencoder)와 같은 정교한 알고리즘을 사용해 새로운 분자를 설계한다는 점에 있다. 광범위한 화합물 라이브러리를 선별하는 기존 방법과는 달리, 생성형 AI는 특정 생물학적 표적과 상호작용하도록 설계된 완전히 새로운 분자 구조를 만들 수 있다(Segler et al., 2018; Walters et al., 2020). 이러한 능력은 초기 신약 발견 단계를 가속화하여, 최적의 결합 친화성과 최소한의 독성을 갖춘 유망한 후보 물질을 빠르게 생성할 수 있다는 점에서 획기적이다. 이는 암이나 섬유증과 같이 경로가 복잡한 질병에서 생성형 AI

는 질병 진행의 주요 메커니즘을 정밀하게 차단하는 화합물을 설계할 수도 있음을 의미한다.

또한 생성형 AI는 개별 유전적 프로필과 질병 패턴을 분석함으로써 특정 환자 그룹에 최적화된 분자를 제안할 수 있으며, 이는 개인 맞춤형 치료법 개발로 이어질 수 있다.

분자 설계를 넘어 생성형 AI는 화학 반응을 시뮬레이션하고, 전임상 모델에서 후보 물질의 효능을 예측하며, 약물 특성을 개선할 수 있는 수정안을 제안하는 등 신약 개발의 다른 중요한 영역에서도 혁신을 지원한다. 이러한 기능은 시행착오 단계를 최소화하여 신약 발견에서 임상 시험까지의 시간을 대폭 단축해 준다.

이미 인실리코 메디슨과 엑스사이언티아(Exscientia)와 같은 기업들은 생성형 AI를 활용하여 신약을 전례 없이 빠르게 임상 시험 단계로 진입시켜 이 기술의 실질적인 이점을 입증하였다.

생성형 AI는 신약 발견 과정을 더 빠르고, 더 똑똑하고, 더 정밀하게 변화시키고 있다. 이는 연구자에게 미지의 화학적 공간을 탐구하고, 인간이 직면한 가장 어려운 질병들에 대한 표적 치료법을 만들 수 있는 능력이 생기는 것과 같다. 이 기술이 계속 발전함에 따라 신약 개발에서의 혁신 가능성은 무한하며, 더 빠른 치료제 개발과 개인 맞춤형 치료의 새로운 희망이 될 것이다.

특허로 본 신약 개발 동향

신약 개발 분야의 특허 추세는 현재 및 미래 첨단 기술과 혁신적인 변화 방향을 잘 반영하고 있다. 2018년 이후 출원량이 많이 증가했는데, 신약 발견 및 개발에 인공지능 응용과 관련된 특허 출원이 최근 5년간 폭발적으로 증가했다. 미국, 유럽, 중국, 일본은 강력한 제약 산업과 R&D 투자를 반영하여 특허 출원에서 선두를 달리고 있다. 제약 회사, 학술 기관, 기술 회사 간의 협력 노력도 혁신을 주도하며 공동 특허가 점점 보편화되고 있다. 특히 중국의 경우 인공지능 활용 신약 개발 분야 전체 특허의 50% 이상을 차지하고 있어 중국의 4차 산업 기반 미래 기술 전략을 가늠해 볼 수 있다. 한국의 경우 AI 기술 활용 특허는 3% 정도에 그치고 있고, 기술의 질적 수준에서도 10위권 안에 들지 못하는 것으로 보고되고 있다(정혜윤 외, 2023).

특허는 크게 표적 발굴, 약물 설계, 정밀 의학, 임상 시뮬레이션, 데이터 처리 등의 분야로 나누어 볼 수 있는데 주로 약물 후보를 식별하기 위한 기계학습 알고리즘, 인공지능 기반 분자 모델링, 약물 효능 및 안전성을 예측하기 위한 데이터 기반 접근 방식 등과 같은 기술이다. 또한 맞춤형 치료법을 설계하기 위해 유전적 프로필을 분석하는 기술 관련 특허를 보유한 맞춤형 의학 분야가 눈에 띄는 추세다. 단일클론항체, 세포치료제, RNA 기반 약물 등 생물학적 제제의 혁신도 특허의 상당 부분을 차지하고 있어 이는 향후 정밀성과 생물학적 표적 치료제로의 전환을 의미한다고 볼 수 있다.

이러한 역동적인 환경은 신약 개발 분야에서 기술과 혁신이 기존 프로세스를 재구성하며 급속히 발전하고 있음을 보여 준다.

정부 차원의 신약 개발 지원 동향

정부 이니셔티브 및 자금 지원

제약 바이오 산업이 국가적으로 중요해짐에 따라 세계 정부는 약물 개발에서 인공지능의 잠재력을 인식하고 이 분야를 발전시키기 위해 상당한 지원을 하고 있다. 미국은 이미 2017년부터 국립보건원(NIH)을 중심으로 여러 제약사가 참여하는 AI 신약 개발 프로젝트 아톰(ATOM, Accelerating Therapeutics for Opportunities in Medicine)을 시작했다. 현재 미국은 대규모 FDA 심사 인력을 보유하고 있고, 뛰어난 AI · 빅데이터 기술력을 가진 세계 최대 제약 바이오 강국이다.

다수의 제약 산업 강국이 있는 유럽 연합도 세계 최대 규모의 민관 파트너십인 컨소시엄 IMI(Innovative Medicines Initiative)를 구축해 정부 주도하에 제약 산업을 집중 육성하며 글로벌 경쟁력을 구사하고 있다. 일본은 2018년 AI · 빅데이터 기반 신약 개발을 위해 정부 산하 조직인 이화학연구소 주도 아래 산학연 협력 컨소시엄을 구성해 대학, 연구소, 제약사가 협력하여 AI · 빅데이터 기반 신약 개발 성과를 창출해 내고 있고, 중국은 최근 신약 개발 투자가 대폭 증가한 가운데 인공지능이 제약 산업에서 중심 역할을 하고 있다. 한국도 2024년 '연합 학습 기반 신약 개발 가속화 프로젝트'의 연구 개발(R&D) 과제를 선정하고 본격적으로 인공지능을 이용한 신약 개발 지원을 시작했다.

이렇듯 모든 주요 제약 산업 강국은 인공지능을 활용한 신약 개발의 잠재력을 인지하고 정부 차원에서 이를 적극적으로 지원하고 있다. 인공지능 기반 약물 개발 프로젝트에 관한 연구 보조금과 자금 조달 투자를 늘리고, 이와 더불어 제약 업계 및 규제 기관 간의 협력을 강화하며 새로운 치료법 개발 가속화를 위한 다양한 지원을 하고 있다.

규제 완화 및 규제 유연성

AI 기술 발전에 따라 규제 기관은 이러한 발전을 수용하기 위해 프레임워크를 조정하는 등 지속적으로 노력하고 있다. FDA는 인공지능 기반 소프트웨어 의료기기(SaMD)를 규제하기 위해 투명성, 신뢰성, 책임성을 강조하는 프레임워크를 구축했다. 이는 AI 기술이 급격히 발전하면서 의료 분야에서도 빠르게 적용되고 있지만, 이에 따른 안전성과 효과성에 대한 우려가 커지자 이를 해소하려는 조치다(박성은, 2021).

유럽 의약품청(EMA)은 AI 모델의 해석 가능성과 견고성을 강조하면서 약물 개발에서의 인공지능 사용 지침을 개발하고 있다. EMA의 접근 방식은 혁신과 환자 안전 사이 균형을 유지하여 인공지능 기반 치료법이 높은 수준의 효능과 안전성을 충족하도록 보장하는 것을 목표로 한다(메이게이트, 2023).

규제 완화 노력은 또한 약물 개발에서 인공지능 채택에 대한 장벽을 줄이는 것을 목표로, 인공지능 기반 도구 및 플랫폼 승인 과정의 간소화가 포함되어 임상 시험을 더 빠르게 통합할 수 있는 기반이 마련되었다. 유연한 규제 환경 조성을 통해 정부는 환자 보호를 위한 엄격한 표준을 유지하면서도 AI 기술의 신속한 적용과 확대를 촉진할 수 있는 기반 마련에 고심하고 있다.

신약 개발의 새로운 지평선

AI 기술 발전은 신약 개발의 가능성을 완전히 새롭게 정의하고 있다. 딥러닝, 자연어 처리, 강화 학습 등 인공지능의 여러 분야에서의 획기적인 성과는 단순히 기술적 도약에 그치지 않고, 제약 산업 전반에 걸쳐 더 효율적이고 정밀한 신약 개발을 가능하게 한다.

신약 개발에서 인공지능의 미래는 협력이 확대될수록 더욱 빛을 발할 것이다. 제약 회사, 학계, 연구 기관 간의 협업은 전문 지식, 데이터, 리소스를 공유하여 치료 혁신을 가속화하는 데 핵심적인 역할을 한다. 특히 개방형 데이터베이스와 공유 연구 플랫폼은 전례 없는 지식 교환을 가능하게 하여 인공지능 기반 약물 발견의 효율성을 높이고 있다.

예를 들어, 현재 전 세계적으로 활용되고 있는 영국의 10만 게놈 프로젝트(Genomics England's 100,000 Genomes Project)와 같은 데이터베이스는 의료 연구자에게 고품질 유전체 데이터를 제공하며, AI 모델이 이를 바탕으로 환자의 질병 메커니즘을 예측하고 맞춤형 치료법을 설계하도록 돕고 있다. 이러한 데이터 공유는 약물 효능과 안전성에 대한 포괄적 통찰력을 제공한다.

앞으로 인공지능은 신약 개발의 모든 측면을 변화시키며 지속적인 발전을 통해 제약 산업을 재편해 갈 것이다. AI 기술 발전, 협업 증가, 윤리적 고려에 대한 관심은 신약 개발에서 인공지능의 잠재력을 최대한 실현하는 데 매우 중요하다. 이를 통해 우리는 새로운 치료법의 개발을 가속화하고 치료 결과를 개선하며 건강한 인류의 삶을 위한 치료 혁신을 이루어 갈 수 있다. 인공지능이 신약 개발에서 중심 역할을 하는 여정은 이제 막 시작되었으며 앞으로 그 가능성은 흥미롭고 무한하다.

참고문헌

메디게이트(2023). "FDA와 EMA, AI 보고서 초안 발표…두 기관의 입장과 관점은". 2024년 11월 30일 접속.
https://www.medigatenews.com/news/2244485362

박성은(2021). "미 FDA, AI·ML 소프트웨어 의료기기 규제 핵심 내용 발표". AI TIMES. 2024년 11월 30일 접속.
https://www.aitimes.com/news/articleView.html?idxno=135802

정혜윤 외(2023). 『인공지능(AI) 활용 신약 개발 경쟁력 강화 방안』. 한국보건산업진흥원 보건산업정책연구.

KHIDI-CHIP-R-2023-10

Bian T. & Xie, X.(2020). Generative chemistry: drug discovery with deep learning generative models. *Biomolecules.* https://doi.org/10.48550/arXiv.2008.09000

Kourou, K., et al.(2015). Machine learning applications in cancer prognosis and prediction. *Computational and structural biotechnology journal*, 13, pp. 8-17. https://doi.org/10.1016/j.csbj.2014.11.005

Ledger insights(2020). Mediledger completes FDA blockchain pilot with 7 of top 10 pharma firms. 2024년 11월 30일 접속. https://www.ledgerinsights.com/fda-blockchain-pilot-mediledger/

Mak, K. K. & Pichika, M. R.(2019). Artificial intelligence in drug development: Present status and future prospects. *Drug discovery today,* volume 24, Issue 3. https://doi.org/10.1016/j.drudis.2018.11.014

Segler, M. H. S., et al.(2018). Planning chemical syntheses with deep neural networks and symbolic AI. *Nature 555*, pp. 604-610.

Stebbing, J., et al.(2020). Mechanism of baricitinib supports artificial intelligence-predicted testing in COVID-19 patients. *EMBO mol med,* 23(8). doi: 10.15252/emmm.202012697

Stokes, J. M., et al.(2020). A deep learning approach to antibiotic discovery. *Cell,* volume 180, Issue 4, pp. 688-702.

10
신약 개발 산업 전망

신약 개발은 현대 제약 산업의 초석이자, 질병을 이해하고 치료하는 방식의 획기적인 변화를 반영한다. 지난 10년 동안 신약 개발 분야는 생명 공학의 발전, 복잡한 질병의 유병률 증가, 맞춤 의학에 대한 수요 증가 등에 힘입어 눈부신 성장을 거듭해 왔다. 또한 세계 인구의 고령화와 만성 질환 급증과 더불어 신약 개발 시장은 더욱 성장할 것이다.

종교와 AI?

신약 개발 시장의 성장

인공지능이 산업과 생활 전반에 미치는 파급 효과가 점점 커지면서 우리는 그야말로 혁신의 시대에 살고 있다. 신약 개발은 인공지능의 영향을 가장 많이 받는 역동적인 분야로, 인공지능은 단순한 데이터 분석 도구를 넘어 이제 복잡한 신약 개발의 전 과정에서 혁신의 주체가 되었다. 이 과정에서 해결해야 할 과제와 도전도 많지만, 그럼에도 우리는 기대감을 갖고 바이오 산업의 변화를 지켜보고 있다.

신약 개발은 현대 제약 산업의 초석이자, 질병을 이해하고 치료하는 방식의 획기적인 변화를 반영한다. 지난 10년 동안 신약 개발 분야는 생명 공학의 발전, 복잡한 질병의 유병률 증가, 맞춤 의학에 대한 수요 증가 등에 힘입어 눈부신 성장을 거듭해 왔다. 또한 세계 인구의 고령화와 만성 질환의 급증과 함께 신약 개발 시장의 중요성은 헬스케어의 미래를 형성하는 데서 아무리 강조해도 지나치지 않다.

오늘날 한국은 글로벌 제약 산업의 핵심 국가 중 하나로 떠오르고 있다. 2022년 시장 규모 29조 원으로 세계 12위를 기록한 바이오 강국이고 미국, 중국에 이어 기술 수출 및 관련 특허 세계 3위, 바이오 의약품 생산 능력 2

위, 임상 시험 시장 점유율 6위를 기록하고 있다. 보건복지부는 연 매출 1조 원이 넘는 블록버스터 신약 두 종을 개발해 2027년까지 글로벌 바이오헬스 강국 6위를 달성하겠다는 야심 찬 목표를 발표했다(전하연, 2024).

약물 개발 파이프라인은 매우 복잡하고 리소스 집약적 과정으로 높은 비용, 긴 개발 시간, 높은 실패율과 같은 전통적인 한계를 가지고 있었지만, 과학 기술의 획기적 발전에 힘입어 기존의 한계와 문제들을 하나씩 극복해 가고 있다. 창의적 도전을 지속한 결과, 이제 인공지능을 활용한 신약 개발은 제약 산업의 기술적 트렌드로 자리 잡아 가는 중이다.

글로벌 인공지능 기반 신약 발견 시장은 이러한 변화 추세를 잘 보여 준다. 2021년 시장 규모 4억1320만 달러로 평가된 이 분야는 연평균 성장률(CAGR) 45.7%라는 인상적인 속도로 성장해 2027년에는 40억3500만 달러에 이를 것으로 예상된다. 한국 정부는 이렇게 급성장하는 분야의 잠재력을 인식하고 K-멜로디(K-MELLODDY, Korea Machine Learning for Drug Discovery) 프로젝트를 통해 AI 모델을 개발하고 제약사 간 협업을 촉진하여 신약 개발을 가속화하는 계획을 추진 중이다. 보건복지부와 과학기술정보통신부가 공동으로 추진하고 있는 K

-멜로디 프로젝트는 제약사 등 개별 기관이 보유한 데이터를 인공지능에 학습시킨 결과물을 중앙 플랫폼에 집적시키는 방식으로, 개별 기업의 데이터는 안전하게 보호하면서 신약 개발 관련 다기관 데이터가 효율적으로 공유될 수 있도록 하는 방안에 관한 내용을 담고 있다(이영재, 2024).

도전과 기회

인공지능의 유망한 발전 가능성과 잠재력에도 불구하고 과제는 여전히 남아 있다. 여기에는 AI 모델에서의 윤리적 측면, 인공지능 기반 프로세스를 다루기 위한 규제 프레임워크, 민감한 제약 데이터 공유 시 데이터 보안 문제 등이 포함되어 있다.

신산업 육성을 위해서는 인공지능, 인터넷 기반 정보통신 자원통합(클라우드), 사물인터넷(IoT) 등 신기술을 활용한 데이터 이용이 필수여서 이를 위해 2020년「데이터3법」이 개정되었다. 이를 통해 가명 처리 정보의 활용 범위가 확대되어 질병 패턴 분석, 임상 시험 설계 등 신약 개발의 다양한 분야에서 환자 데이터 사용이 가능해졌다(나무위키, 2024). 그러나 가명 처리 정보의 재식별화, 데이터 책임 소재, 가명 처리 가능 유무 유보 데이터

등의 한계로 인해 활용이 쉽지 않은 상황이다. 더욱이 인공지능이 점점 통합됨에 따라 인공지능 기반 혁신에 대한 책임과 해석 가능성과 관련해 여러 가지 질문이 제기되고 있다(정혜윤 외, 2023).

그럼에도 불구하고 신약 개발에서 인공지능이 제시하는 기회는 점점 더 커지고 있다. 인공지능이 계속 진화함에 따라 신약 개발에서의 인공지능 역할은 앞으로 더욱 확대될 것이며 점점 복잡해지는 작업을 처리할 수 있는 한층 정교한 AI 도구의 기반이 마련될 것으로 기대된다. 이를 기반으로 인공지능은 약물이 환자의 고유한 유전적 구성과 어떻게 상호작용할지 예측하여 우리가 나아가고자 하는 궁극적인 개인 맞춤형 치료 시대를 열어 갈 것이다.

현재 인공지능 기반 생명 공학 스타트업의 급속한 성장은 인공지능이 어떻게 신약 개발의 진입 장벽을 낮추는지 잘 보여 준다. 제약 기업도 자체적으로 인공지능 역량을 강화하고 있는 가운데, 제약 회사와 인공지능 기반 기업 간의 협업이 전 세계적으로 계속해서 가속화되고 있다. 인공지능은 소규모 연구 팀과 회사도 고급 도구와 기술에 접근할 수 있는 기술 혜택의 보편화를 허용함으로써, 신약 개발의 민주화를 이루는 잠재력을 가지고 있다. 앞으로 더 많은 유능한 플레이어가 신약 발견에 참여하게 되면서 더욱 다양하고 혁신적인 신약 개발 환경이 조성될 것으로 예상된다. 이러한 추세가 지속된다면 인공지능은 더욱 풍부하고 다양한 신약 개발 생태계를 만들어 갈 것이다.

미래를 위한 비전

행복한 삶을 위해 건강 문제를 해결하고자 하는 우리의 의지가 생명 공학과 인공지능 기술의 발전과 접목되면서 신약 개발의 미래는 밝아지고 있다. 인공지능은 새로운 의학 시대를 여는 촉매제로 개발 프로세스를 가속화하고, 비용을 절감하고, 정확성을 개선하며 새로운 치료법을 제공하는 데 기여한다.

인류의 건강한 삶을 위해 인공지능의 잠재력을 극대화하는 것은 과학자, 기술자, 정책 입안자 그리고 사회 전체 공동의 몫이다. 우리가 인류 건강을 위해 AI 기술을 책임감 있게 잘 활용한다면, 인공지능은 분명 이에 대한 보답으로 건강한 미래를 선사해 줄 것이다. 지금 이 순간 가장 사랑하는 사람이 아파서 견딜 수 없는 고통을 겪고 있다고 상상해 보라. 우리는 그 사람을 위해 이기적인 마음을 버리고 진심으로 그 사람이 치료되도록 헌신하지 않겠는가? 바로 이러한 우리의 갈망과 진심이 새로운 치료법을 찾는 원동력이고, 신약 개발 기술 진보의 무한한 가능성을 여는 초석이 된다. 인공지능은 우리의 혁신적 역량을 증폭시키는 든든한 지원자로, 우리는 인공지능과 함께 인류의 건강한 미래를 향해 진정성 있는 혁신을 지속해 가야 할 것이다.

지금 이 순간에도 인공지능 관련 기술은 우리가 인지하지 못할 정도로 성장하고 발전하며 미래를 향해 달리고 있다는 사실을 기억해야 한다.

참고문헌

나무위키(2024). 데이터 3법.
https://namu.wiki/w/데이터%203법

이영재(2024.3.12). 'K-MELLODDY', AI 신약 개발 힘 싣는다. ≪의협신문≫. 2024년 11월 30일 접속.
https://www.doctorsnews.co.kr/news/articleView.html?idxno=153792

전하연(2024). 2024 신약 개발 현재 트랜드와 미래 전망. ≪약업신문≫. 2024년 11월 30일 접속.
http://m.yakup.com/news/index.html?mode=view&cat=12&nid=292172

정혜윤 외(2023). 『인공지능(AI) 활용 신약 개발 경쟁력 강화 방안』. 한국보건산업진흥원 보건산업정책연구. KHIDI-CHIP-R-2023-10

정명희

안양대학교 소프트웨어학과 교수다. UT 오스틴(University of Texas, Austin)에서 산업공학으로 박사 학위를 받았다. 미국 우주연구센터(Center for Space research)와 삼성 SDS에서 선임연구원을 거쳐 안양대학교에서 다수의 정부 인재양성 사업을 수행했다. 교육혁신원에서 융합교육책임자로 대학교육 혁신을 위해 활동했다. 국토교통부 공간정보위원회 위원, 안양시 정보통신 위원, 대한원격탐사, 대한전자공학회, 한국멀티미디어학회에서 이사로 활동했다. 신약 개발 벤처 기업인 엘베이스 회사의 AI 기술 자문으로 활동하며 논문 "신약 개발에서의 AI 기술 활용 현황과 미래(2022)"를 게재했다. 2022년 비대면 스타트업 육성 사업의 에듀테크 분야 창업지원사업에 선정되어 비대면 온라인 학습 플랫폼인 스터디쿡을 창업했다.